中国历史上的

智囊故事

隋唐五代篇

龙人 ◎ 著

成都时代出版社

图书在版编目（CIP）数据

中国历史上的智囊故事.隋唐五代篇/龙人著.--
成都:成都时代出版社,2025.5
ISBN 978-7-5464-3339-4

Ⅰ.①中… Ⅱ.①龙… Ⅲ.①历史人物—生平事迹—
中国—隋唐时代②历史人物—生平事迹—中国—五代(
907-960) Ⅳ.① K820

中国国家版本馆 CIP 数据核字 (2023) 第 232486 号

中国历史上的智囊故事 隋唐五代篇
ZHONGGUO LISHI SHANG DE ZHINANG GUSHI SUI TANG WUDAI PIAN

龙人 / 著

出 品 人　钟　江
责任编辑　敬小丽
责任校对　阚朝阳
责任印制　江　黎　陈淑雨
封面设计　天下书装
装帧设计　天下书装

出版发行　成都时代出版社
电　　话　（028）86742352（编辑部）
　　　　　（028）86763285（图书发行）
印　　刷　三河市天润建兴印务有限公司
规　　格　170mm×240mm
印　　张　13
字　　数　185 千
版　　次　2025 年 5 月第 1 版
印　　次　2025 年 5 月第 1 次印刷
书　　号　ISBN 978-7-5464-3339-4
定　　价　68.00 元

序

    自公元 581 年，杨坚建立隋朝，至 907 年唐朝灭亡，这 300 多年是我国历史上著名的隋唐盛世。这一时期，民族思想开放，国家各个方面都空前发达，周边诸国开始广泛向中国朝贡、学习。

    五代是自公元 907 年唐灭亡之后的后梁、后唐、后晋、后汉、后周 5 个次第更迭的朝代，直至公元 960 年北宋王朝建立，国家经历了长达 70 多年的动荡。

    这将近 400 年的时间，有太平盛世，也有战火纷飞，英雄人物竞相登场：终结 400 年战乱的杨坚，直言进谏的魏征，白衣为相的李泌，连灭三国、开疆拓土的苏定方，以女子之身登临帝位的武则天……面对接连不断的危机，他们凭借自己的智慧，逆转局势，贡献了一个又一个的传奇故事。

    李渊半推半就，创建了崭新的大唐王朝。李世民劝父起兵、征战天下、血洗玄武门，带领着手下的文臣武将，为大唐打下了盛世的底色。装疯卖傻 30 余年的李忱一登上帝位，就向世人展示了什么叫一鸣惊人。李存勖"用兵天下莫敌"，却戏剧性地死于宫变。有人立志终结乱世，有人勉力守成，有人纵情享乐……每一位帝王的选择，都对国家兴衰、历史发展起着举足轻重的作用。

    文臣宦海沉浮，不仅要处理公务，还要应对天子，与政敌斗智斗勇……他们行走在没有硝烟的战场上。"救时宰相"姚崇三朝为相，针砭时弊，辅佐唐玄宗成就"开元之治"。娄师德低调谦虚，在酷吏横行的武则天一朝两度拜相，却情愿将最后的岁月奉献在边疆屯田。张承业宦官出身，辅佐李克用父子，却为唐竭忠。不同的理念、不同的境遇，使他们的人生天差地别，但他们都以自己的才学和风骨，服务天下苍生。

"谋事在人，成事在天。"谋士能够算无遗策，也深知顺应大势的必要。长孙晟献计杨坚，虎狼一般的突厥转眼间分崩离析。李勣随机应变，出将入相，识人知明。刘䴏"一步百计"，屡立战功。谋士为主公出谋划策，排忧解难，甚至甘愿以死相酬。顶尖的谋士既能"谋人""谋兵""谋国""谋天下"，也能"谋己"，功成名就。

隋唐五代，许多杰出女性大放异彩，对家族、文坛以及政局有举足轻重的影响。独孤皇后、窦皇后、长孙皇后辅佐丈夫登上帝位，勇敢果决，见识不输男子。平阳公主披挂上阵，和政公主明辨是非。李侃之妻责夫抗敌，邹仆之妻报杀夫之仇，她们展现出了这一时代女性特有的果敢、刚毅、明智。

帝王、文臣、武将、谋士、巾帼，抛去身份的差别，他们的智慧已经成为华夏文化的代表，铭刻进一代又一代中华儿女的基因中。

目　录

第一章　帝王

第二章　文臣

第三章　武将

第四章　谋士

第五章　巾帼

第一章 帝王

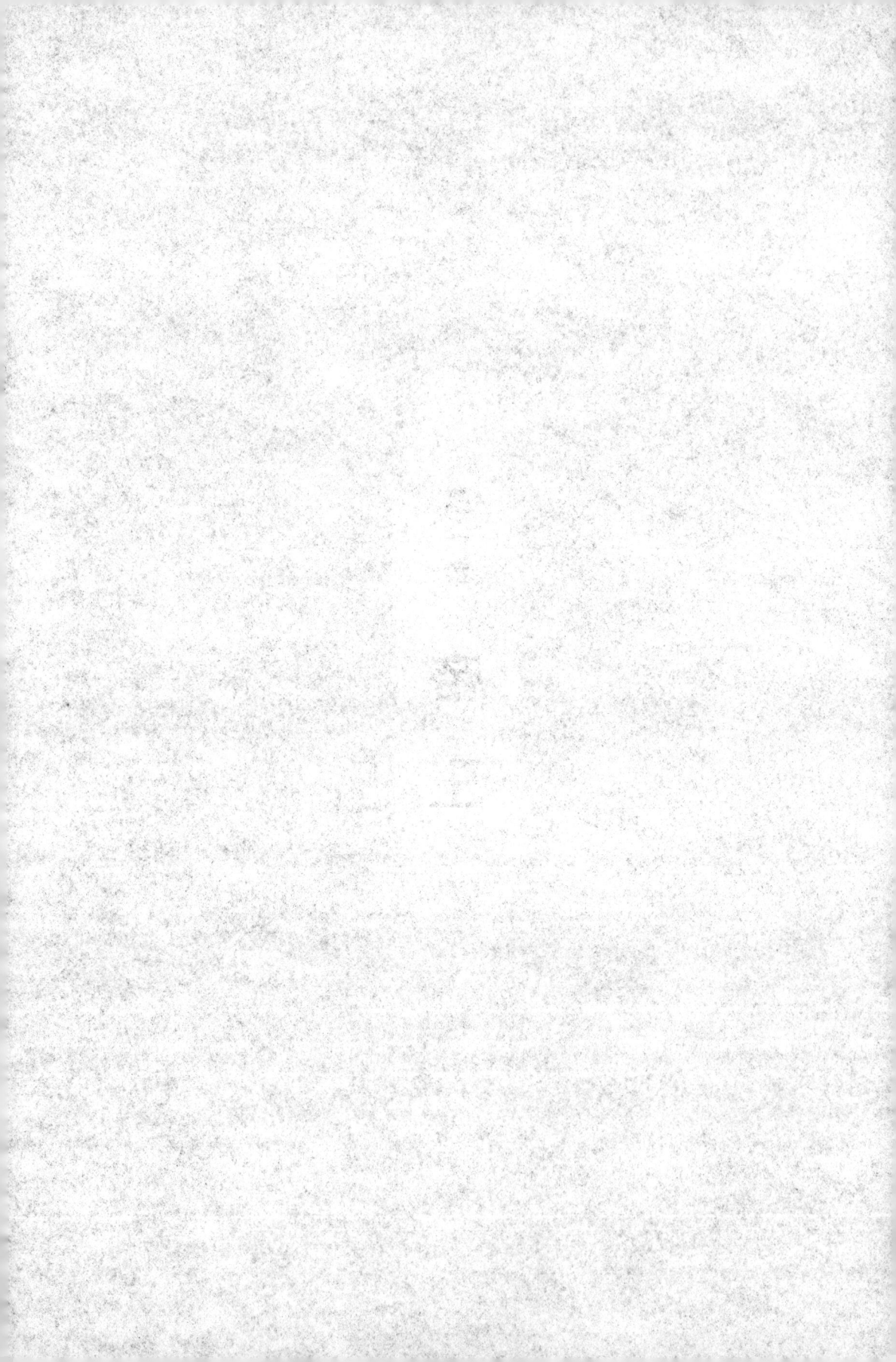

隋文帝依法惩子

秦王杨俊是隋文帝的第三子，他知法犯法，怙恶不悛。杨俊曾在暗地里放债取息，敲诈勒索。他的一些下属官员也有样学样，靠着杨俊这棵大树为非作歹，小官吏和平民百姓深受其害，苦不堪言。

隋文帝听闻这件事后，专门派人调查，严厉惩处与这件事有牵连的人，以此来警示杨俊。可杨俊对父亲的处置有不一样的理解，他认定自己不可能受到惩罚，仍旧作威作福。同时，杨俊还大肆建造豪华宫室，成天领着一群纨绔子弟和歌姬舞女在其中花天酒地。隋文帝见杨俊不但不知悔改，反而变本加厉，便将他召回京师，撤销他的一切职务，不许其再参政。

杨俊被撤职的消息一出，朝野震动。左武卫将军刘升想要在杨俊面前卖好，便跑去对隋文帝说："秦王只不过利用职务之便修建些宫室罢了，这算不上大错，圣上何不原谅他？"

隋文帝反问："他放债取息、敲诈勒索，是不是犯了国法？"

刘升只好点头，说："是的。"

隋文帝接着问："国法能被触犯吗？"

刘升顿时哑口无言。

隋文帝坚定地说："法律不容违反。"说罢便令刘升退下。

大臣杨素也来替杨俊说情，他劝道："您对秦王的处罚过重，求陛下看在父子情分上，从轻发落。"

隋文帝道："我虽是五个儿子的父亲，但更是一个国家的君主！按照你的意思，皇子犯法就要轻拿轻放，那是不是还得另外给他们制定一部专门的法律？当年周武王的弟弟管叔和蔡叔发动叛乱，周公能不顾情面将他们全部杀掉。我虽远不及周公贤明，但我也不能公然违背法律呀！"于是杨素也无功而返。

隋文帝顶住了一茬接着一茬的"说客"，坚持依法严惩了杨俊。

> 领导者示范的力量是惊人的，如果皇上都能以身作则，遵纲守纪，维护法律的权威，臣子如何能不信服？权力在手，天子与庶民同罪的思想又有几人能真正遵循？

隋文帝善待亡国君

陈叔宝即位时，隋文帝正任贤纳谏，厉兵秣马，为攻占江南做充足的准备。而陈叔宝面对虎视眈眈的对手，非但不励精图治，还大肆搜刮民财，大兴土木，修建了三座豪华的宫殿，在其中尽情放纵。

那首有名的《玉树后庭花》就是这时所作，当时陈叔宝还特地选取了上千人学习歌唱：丽宇芳林对高阁，新装艳质本倾城。映户凝娇乍不进，出帷含态笑相迎。妖姬脸似花含露，玉树流光照后庭。花开花落不长久，落红满地归寂中。

伴随着这首不祥的歌曲，隋军频频侵袭陈国边境。公元588年，隋文帝派其子晋王杨广、丞相杨素担任元帅，率五十几万大军，兵分八路，渡江攻入南朝。陈军节节败退，告急文书一封接着一封送达建康。而陈叔宝收到文书，拆都不拆，来了个眼不见心不烦。

他告诉群臣："我们这可是块福地，当初北齐来攻三次，北周也打过两次，不都失败了？这次隋军来攻也得铩羽而归。"

尚书孔范连连点头："陛下高见，我们有长江天险作为屏障，隋军又没插上翅膀，还能飞过来吗？"君臣照旧看着歌女奏乐起舞，过着骄奢淫逸的日子。

公元589年，隋军兵临城下，这时陈叔宝才从醉生梦死中惊醒。隋军打进皇宫，他手足无措，竟然逃到殿后投井去了。

隋军士兵发现这只是口枯井，就大声呼喊让他上来，但陈叔宝迟迟不肯应答。士兵没了耐性，便威胁道："再不出声，我们可就要往下面扔石头了！"

陈叔宝被吓得尖叫起来，士兵将一条绳索丢进井里，几个壮汉好不容易才把他拉上来。拉上来才发现绳子那头是陈叔宝和两个美人抱作一团，难怪那么沉。

陈叔宝的荒唐行为传到隋文帝耳中，隋文帝不同于杀尽前朝皇室宗亲的狠厉，对陈叔宝十分优待，不仅赦免了陈叔宝，还给予赏赐，甚至准许他以三品官员的身份上朝。陈叔宝爱吃驴肉，隋文帝便让手下人源源不断地为他供应。每逢大宴，陈叔宝都会应邀前来，隋文帝为了顾及他的心情，甚至嘱咐人不要在他跟前演奏陈国的音乐。但这番好意没有得到陈叔宝的心领，陈叔宝表现得好像亡国和他没关系一样，经常酗酒大醉，难有清醒的时候。

一次，监视陈叔宝的官员向隋文帝报告："陈叔宝说，自己没有官位，入朝不是很方便，希望皇上能赐给他个官号。"

隋文帝听罢，摇头叹息道："我知他为何亡国了。一国之君，没有骨气还可以理解，这陈叔宝是全然没有心肝啊！"一个亡国之君，竟然主动要求获得敌国官位，真是闻所未闻。

后来，隋文帝东巡，陈叔宝大笔一挥，献诗一首："日月光天德，山河壮帝居。太平无以报，愿上万年书。"称颂隋文帝的功德，劝说他封禅。

隋文帝心中十分高兴，他目送陈叔宝离去，又叹息道："如果他把作诗和饮酒的心思用在治国上，又怎么会落到今天这个地步呢？"

> 善待别人也是成就自己。隋文帝借助优待陈后主，成功安抚住了江南民心，笼络了江南地区的上层阶级，使自己宽厚仁慈的名声天下皆知。

李渊论功行赏

唐高祖李渊攻下霍邑后，开始论功行赏。军吏认为，奴仆不应与从军的百姓享有同样的待遇。李渊道："在战场上打仗的时候，大家都是顶着箭矢和飞石冲锋。那时候没讲究贵贱，现在统计战功就不应该分三六九等，都应当按照实际表现来给予赏赐。"

之后，李渊与霍邑的官员、民夫见面时，如对待西河亲信一样犒赏他们，还动员其中的青壮年加入他的军队。有士兵请求回乡，李渊便赐他们五品官衔，放他们离去。

有人劝李渊："这样赐官，官位岂不是泛滥成灾了。"李渊坚持道："大隋舍不得论功行赏，以致失尽人心。我们怎能重蹈覆辙呢？况且，用官位来收拢人心，不比靠打仗更好吗？"

> 付出就应得到相应的回报。领导者能够论功行赏，不但可以提高下属的积极性，还能缓和彼此间的矛盾。

李世民劝李渊起兵

隋大业十三年（617年），李渊出任太原留守，李世民跟随父亲来到太原，他跟着父亲一起多次出征平定叛乱，抗击东突厥人的入侵。

年轻的李世民看到天下叛军四起，只觉大隋气运将尽，他敏锐地察觉到这是一个建功立业的好机会。父亲李渊手握太原，李世民借此便利，广交豪杰、招兵买马，与晋阳县令刘文静、晋阳宫副监裴寂密谋造反。

经过一番精心谋划，李世民第一次尝试劝父亲起兵："皇帝治国无道，民不聊生，晋阳城外处处沦为战场。父亲如果安于现状，那么天下贼寇横行，朝廷严苛不善，我们就是时时处于危亡之中。您不如顺应民意，起兵反隋，把祸患转为福运。现在就是'天授之时'啊！"

李渊闻言，不敢置信道："这样的话你怎么能说？我要把你交给朝廷处置。"

李世民见父亲反应这样大，也不好再劝，而李渊也没真的把李世民抓起来。

过了不久，李世民旧事重提，第二次劝李渊起兵："现在贼寇与日俱增，父亲受诏讨贼，状况如何？如果您荡平贼寇，朝廷功高不赏，就是令自己陷入危险的境地。父亲，您不如采纳我的建议，使我们一家人躲过祸患。我这法子是两全之策，请父亲不要迟疑。"

这次，李渊的态度不像之前那样坚决，而是无可奈何地表示他还要再考虑考虑。

李世民见父亲迟迟没有决断，就与刘文静和裴寂商议。李世民想把自己的计划向李渊和盘托出，又担心李渊不肯同意，一直没有说出口。李世民又私下与裴寂商议，二人想出来一个好计策。

裴寂在晋阳宫中挑选了几位美女，要她们趁李渊醉酒后陪李渊过夜。然后，裴寂将李世民的谋划告知李渊，李渊大惊失色。裴寂道："我们安排宫女侍奉您，这件事要是暴露您可是难逃一死。我们这样做就是要劝您早日下定决心起兵啊！"

李世民借机将自己的所有行动计划都告诉父亲，李渊刚开始还是说自己不愿做叛臣，坚决不答应。并且，他还冉次表示要把李世民绑起来送给朝廷。又纠结了一会儿，李渊答应起兵，他对李世民说："你是我疼爱的儿子，我怎么忍心把你交给朝廷呢？"

大业十三年二月，在李渊治下的马邑（今山西朔州市），鹰扬校尉刘武周发起兵变，斩杀马邑太守王仁恭，据马邑而自称天子。他勾结突厥，意图南下夺取天下。

隋炀帝得知消息后勃然大怒，准备以"讨贼不力"的罪名将李渊捉拿至江都（今扬州）治罪。情势危急，李世民第三次劝父亲起兵，道："事态紧急，是时候举事了！"

终于，李渊下定决心于太原起兵。五月十五日，李渊、李世民父子二人将效忠于隋炀帝的王威、高君雅斩首。七月，李渊率领三万雄师，以"废昏立明，拥立代王，匡复隋室"的名义出兵，直逼关中，灭隋建唐的伟业就这样开始了。

> 李世民说服李渊的高明之处就在于，他没有简单地对父亲诉说自己的抱负，而是一步一步试探、软化父亲的态度，扭转了不利的局势。

李世民虚张声势，吓退突厥

隋大业十一年（615年），隋炀帝于雁门被突厥军队围困，李世民响应朝廷号召前去救援，投到云定兴将军麾下。马上要出发时，李世民对云定兴道："我军一定要带上旗鼓来布下疑兵。那个始毕可汗敢调动全国军队来包围天子，看来是认定了我国在仓促之间难有援军赶到。因此，我们把阵仗摆得大一些，连绵数十里都插上军旗，夜晚就敲响钲、鼓，使它们的响声呼应。如此，胡虏瞧见我军行进时扬起的尘土，以为援军已经大举来袭定落荒而逃。否则，对方人多势众，他们大军来袭，我军就很难应付了。"

云定兴欣然采纳，在崞县驻军大张旗鼓。突厥侦察兵见此，向始毕可汗报告："隋朝大军已至。"于是，突厥闻风而逃。

兵法有云:"我弱敌强,则示之以强形,动之使去。"所谓"示敌以强"就是指当形势不利于我方时,设法掩盖自身弱点,将我方实力放大数倍传递给敌人,诱骗敌人主动放弃进攻。

李世民军帐夜哭

隋末时,李渊从晋阳发兵,进入临汾郡,距离霍邑尚有五十余里路。隋将宋老生率领两万精兵驻守霍邑,抵御李渊大军。

李渊的军队遇上了连绵不绝的阴雨,士兵们宿营艰苦,又粮食短缺,再加上大隋精兵强将拦在前方,去向突厥求援的刘文静也不知是什么情况,久久不曾归来。

有人对李渊说:"或许突厥不会前来支援,他们见我军后方空虚,很可能趁机夺取晋阳。"李渊觉得很有可能,于是下令不再南进,他召集众将领,宣布返回晋阳。

裴寂等人都表示赞同,道:"向南行军,地势险要,不容易突破啊。李密虽然表示要与我们结盟,但他狡诈难以预测。突厥又贪得无厌,向来言而无信,只认金银财宝。太原郡已经是很大的城市了,咱们的亲人都还待在那里。不如就此返回,来日方长嘛。"

李世民反对道:"现在这个季节,遍地都是庄稼,怎么就说没有粮草?在南边挡路的隋军,他们的将领宋老生生性急躁,只需一战就能将其打败。遇到小小的挫折就要班师回老家,到时候困守在太原孤城,还有什么前景可言?"

哥哥李建成和李世民是一样的想法,武士彟(读作"yuē",武则天的父亲)也如此认为。但李渊不听他们的意见,坚持下令北返。

李世民想要再劝一劝父亲,但夜色渐深,李渊已经回到军帐准备睡觉了。李世民进不去，就在军帐外号啕大哭，李建成和武士彟在旁边，装模作样地劝了两句，结果非但没有劝住，李世民的声音反而越来越大。

李渊听见吵闹声，传李世民入帐询问。李世民道："向前进军就能克敌制胜，撤退的话就是全军溃散。若撤军向北返回，敌人追在后面攻击，部众在前面四散而逃，我们马上就会死，如何能不悲痛！"

李渊闻言，渐渐觉出味来，他为难道："大军在下午的时候已经出发向北返回了，估计走了不少路程，还能怎么办呢？"

李世民道："右翼还没有出发，左翼走得应当也不会太远。请您让我亲自去追回他们！"

李渊应允，李世民、李建成于是连夜追赶，命各军返回。不久雨停，李渊率军奔赴霍邑，大败宋老生。

"有进无退"表示只能前进，不能后退，指勇往直前，不退缩。当面对挫折时，不能轻易气馁、退缩。仔细分析眼前的情况，也许勇往直前、一鼓作气才能取得最好的结果。

李世民伺机而动

隋大业十三年（617年）七月，薛举于兰州称秦帝，建立西秦政权。次年，李世民出兵讨伐。

起初，李世民专注于建造深沟高垒，加强防御工事，不与薛举对战。他认为薛举的军队孤军深入，善于速战速决。因此，李世民决定以逸待劳，慢慢耗光敌军的锐气。

不料，计划正在有条不紊地进行着，李世民却突然染上疟疾，只能任由刘文静等人指挥作战。刘文静不认同李世民的看法，直接将李世民拟好的作战计划置之不理，下令大举出兵进攻。大军一路上浩浩荡荡前进，没有一点防备，结果被薛举带兵突袭成功。两军于浅水原（今陕西省长武县）展开一场大战，刘文静大败而归。

李渊为挽救颓势，于同年八月再次任命李世民指挥作战。九月初，李世民带领将士进驻高墌，十数万西秦军前来夺回城池无果。薛举军队多次在阵前挑战，李世民都坚壁不出。

众将领纷纷请求出战，李世民却道："我军前不久刚打过一场败仗，士兵萎靡。而敌军还因之前的胜利士气大振，必定轻敌好战。因此我坚决不出战，以此来消磨敌军的锐气。等他们没了这股锐气，我们再奋发出战，必定可以一击即中，这才是万全之策！谁要是还敢来请战，我定不轻饶！"

于是，两军僵持六十余天。直到十一月初，薛军粮耗尽，麾下将士蔫头耷脑。李世民见时机已到，迅速出兵进攻，憋久了的士兵奋勇杀敌，李世民大获全胜。

《孙子兵法》有云："昔之善战者，先为不可胜，以待敌之可胜。不可胜在己，可胜在敌。"从古至今，善于作战的人，都要先做到让自己不被敌人战胜，然后再等待，找寻战胜敌人的机会。

李世民围城打援

公元 621 年，李世民率领大军围困洛阳城，王世充向窦建德求援，窦建德闻讯率领援兵赶到。李世民命弟弟李元吉等人照旧封锁洛阳城，自己则带上 3500 名骁勇兵士奔赴虎牢关。

此时，窦建德在板渚到牛口布置兵士，大摆战阵，北至黄河，西临汜水，南抵鹊山，绵延 20 余里，声势浩大地向前行军。

李世民登高远望，观察敌阵，对手下诸将道："敌人自泰山以东起兵，就不曾打过真正的硬仗，也没遇见真正的对手。现在这帮人身处险境反而洋洋自得，不过是一群毫无章法的乌合之众。窦建德自诩上兵伐谋，兵临城下却大摆阵势，如此轻视我们。只要我军按兵不动，敌人自然会日渐颓丧，僵持的时间一长，他们战意消退，便会自己急着撤军。到时候，我军再趁势追上，猛力进攻，必然将敌军打得如落水狗一般。现在我与你们说定，只要过正午，我们必然能够大败敌军！"

果然就如李世民预料的那样，窦建德摆好战阵后，从早上等到晌午一直无人应战，逐渐松懈下来，再加上士兵饥渴疲惫，争相坐在地上喝水休息，整个队伍看上去松散摇摆，像是要撤退了。

李世民看准机会，果断带领一队轻骑率先出发，大军紧随其后，他们向东越过汜水，径直向窦建德的大阵冲去。一番拼杀过后，窦建德全军大败，本人也沦为俘虏。经此一役，王世充见大势已去，只好投降。

> "围城打援"即进攻一方以部分兵力围困守城一方，诱使敌方求援，然后以主力部队歼灭敌方援兵。围城打援的目的不是围打守军，而是攻打援兵，围困要持久，而攻打援兵要速战速决。

李世民论功行赏

玄武门之变后，李世民对手下官员论功行赏。文官之中，杜如晦与房玄龄功居第一。封赏结束，李世民担心完全按照功劳的大小来封赏会存在疏漏，便询问诸将意见。

淮安王李神通对李世民道："当初举事时，是我率先领兵赶到的。房玄龄、杜如晦二人不过是用用笔的小吏，怎么他们的功劳在首位？我不服气。"

李世民道："刚起兵时，人人都有自己的小心思。你虽率兵响应，但也不曾真刀真枪地上阵杀敌。不过，在抵御窦建德南侵和征讨刘黑闼时，你都立下功劳。但窦建德进犯山东，你全军覆没。刘黑闼集结残部，你又大败而归。今天是论功行赏，房玄龄和杜如晦运筹帷幄、定国安邦，就如同汉朝的萧何一样。他们虽然不能上阵杀敌，却可以指挥全军获取胜利，理当功居第一。叔父，虽然我们是叔侄，但论功行赏我不能偏向你，胡乱给你增加赏赐。"

李神通是李世民的叔父，两人关系一向很好，其他居功自傲的武将们见李神通都没有讨到更多的好处，也不再要求更多了。

> 总有人想靠关系上位，君主如不能理智对待，很容易伤了功臣的心。《韩非子·八说》中说："计功而行赏，程能而授事。"指按功劳的大小给予奖赏，让付出者得到应有的回报，既能安抚有功之臣，同时又让自己的亲人无话可说。

李世民渭水之盟

玄武门之变后不久，突厥的颉利、突利两位可汗趁李世民刚刚即位，大唐国内政局动荡，亲率二十万精锐骑兵大举入侵。

突厥在泾阳突然发起进攻，大将尉迟敬德率兵与突厥军队交战，虽小胜一场，却无法阻止突厥南下的脚步。但突厥攻击的泾阳离长安只有区区四十里，情势十分危急。

突厥军队行至渭水便桥的北面，颉利可汗派遣心腹执失思力出使，当着李世民的面夸下海口："颉利可汗与突利可汗率领着百万雄兵，现在已经到了。"

李世民知道颉利可汗不过是逞嘴上之能，当即就把执失思力扣了下来，然后带上六人纵马出玄武门，行至渭水边。他与颉利可汗隔水相望，高声指责其背弃盟约。

李世民的英武勇敢，让突厥众将士大为震惊，都下马拜服。李世民周围的唐军，军容整肃，士气旺盛，加上使者被扣，这一切都让颉利可汗狐疑不定。他摸不透李世民到底有什么招数等着他们，便也不敢贸然渡河。于是，颉利可汗索性与李世民来到渭水桥上，斩白马订立盟约而后退兵。

事后，大臣萧瑀询问李世民为何不与敌人殊死一战，李世民答："我刚即位不久，国家还未安定，百姓也没过上富足的日子，不是开战的好时机。"

因为接受了李靖倾府库以求和的建议，用优渥的条件换取突厥退兵，李世民将其视为生平之大憾。对他来说，这换来安宁的渭水之盟实乃渭水之耻。于是从这以后，李世民开始积蓄实力、静待时机，终于在公元630年灭掉东突厥汗国。

> 李世民临危不乱、沉稳机智，在千钧一发之际化险为夷。正所谓"静而后能安，安而后能虑"。冷静之后才能摒除四周的纷杂理性思考，最后做出正确的判断。

李渊、李世民任用告密者

隋大业末年（618年），李靖担任马邑（今山西朔州）郡丞，在李渊帐下抗击突厥。当时，反隋势力如雨后春笋一般冒出，大隋江山岌岌可危。而身为隋朝太原留守的李渊也在暗中招兵买马，伺机逐鹿天下。

李靖察觉到上司李渊的不臣之举，便乔装打扮，赶往江都，准备向隋炀帝实名举报。但等他走到长安的时候，关中已是一片混乱，李靖因道路阻塞没有去成。不久，李渊在太原起兵宣布叛出朝廷。他不仅迅速攻占了长安，还顺带捉住了滞留在此地的李靖。

李靖被判处死刑，他想到自己满腹才华，壮志未酬就要人头落地，实在心有不甘，便在行刑前大声呼喊："明公兴义兵起事，是想要为天下除暴乱。怎么大业未成，就要因私人恩怨斩杀人才呢？"李渊欣赏李靖的为人，李世民赞赏其才略胆识。于是李靖被无罪释放，不久之后就被李世民召入幕府为官。

后来，冉肇则叛唐，进犯夔（kuí）州，赵郡王李孝恭的军队被打得七零八落，是李靖率八百壮士突袭，大破敌军，又设下伏兵，杀死贼首，俘获敌兵五千余人。

捷报传至京师，李渊对满座公卿笑道："朕听说，用有功劳的人不如用有罪责的人，这个李靖果然立下大功了。"当即颁下诏书，告知李靖："你忠诚尽职，功勋卓著。我这么久才发现你是如此的忠诚，一定多给你赏赐，你以后不用担心功名利禄了。"李渊一改往日成见，亲笔给李靖写下："过去的事情我全部忘记了。"

> 所谓"使功不如使过"，是指犯了过错的人想要将功赎罪，便会更加积极地做事，而任用有罪过的人，也是宽恕、施恩的过程。这比一味任用有功之臣，使其功高震主更加有利。

唐太宗用人不疑

番将契苾何力在回乡探亲时，得知部落的人都想归附实力强大的薛延陀，他惊奇道："大唐天子这样厚待我等，你们为什么想要背叛他？"

契苾何力部落的人劝他跟着母亲、弟弟一同归降，契苾何力严词拒绝，于是被绑送薛延陀，扔在真珠可汗的牙帐前。

契苾何力拔出佩刀，朝东面大喊："大唐的忠士岂能受你们污辱！苍天与太阳在上，要让你们看到我的决心。"说罢就割掉左耳发誓绝不顺从。唐太宗听人说契苾何力已经叛逃，说："这一定不是契苾何力的本意。"

有人说："这些人蛇鼠一窝，契苾何力投靠薛延陀，那是意料之中。"

唐太宗道："这事情不对。契苾何力的心如铁石一般坚定，是绝不会背叛我的。"恰逢使者将实情禀报皇帝。

唐太宗听罢落下泪来，道："契苾何力现在究竟如何了？"当即命令大臣崔敦礼出使薛延陀，表示只要能将契苾何力换回，他愿意把女儿新兴公主嫁与真珠可汗为妻，契苾何力得以返回朝廷。

> 领导用人的一个重要原则是用人不疑，疑人不用。充分信任下属，才能得到下属的拥戴与支持。得到信任的下属也会比你想象的还要尽心、卖力。

唐太宗设计缓和小夫妻的矛盾

唐太宗非常喜欢武将薛万彻，将妹妹丹阳公主嫁给了他。不过，丹阳公主却并不喜欢五大三粗的薛万彻。一日，唐太宗当着一群臣子的面，笑着打趣薛万彻："薛万彻看起来土里土气的。"

很快这话就传到丹阳公主耳中，公主感到十分羞愧，从此不愿意与薛万彻待在一起。唐太宗得知这件事时，丹阳公主已经一连几个月没有给薛万彻好脸色了。唐太宗决定给这对夫妻调解，他想出了个办法。

一日，唐太宗设宴款待亲戚们，薛万彻和丹阳公主也在受邀之列。酒席间，唐太宗把随身佩刀当作赌注，与薛万彻玩了一把握槊（与双陆相似的一种棋盘游戏）。

唐太宗故意输掉比赛，亲手把自己的佩刀挂在薛万彻身上，赞赏道："薛万彻不仅在战场上所向披靡，握槊玩得也很好啊！"丹阳公主见此十分高兴。

酒宴结束后，薛万彻正准备骑马自行离开，丹阳公主邀请他一同坐马车回家。自此，夫妻二人的关系改善了许多。

一直给人讲道理是十分愚蠢的，很多时候，越是讲道理，对方就越是排斥。唐太宗没有苦口婆心给妹妹讲要如何处理夫妻关系，而是巧妙地夸了薛万彻一下，就扭转了妹妹对丈夫的看法。

李世民暂时压下功臣谋反

侯君集攻破高昌国，在未请示李世民的情况下，擅自将一些无罪之人发配，又将高昌国的宝物据为己有。麾下将士们见此竞相效仿，也开始盗取、抢夺财物。侯君集害怕自己的行为被揭发，便不敢将这些将士治罪。

班师回朝后，司法官员将侯君集下狱，但有大臣认为侯君集是功臣，不可轻易侮辱，于是请求李世民释放侯君集。侯君集自觉为大唐立下汗马功劳，一点奖赏都没有，反而因为一些钱财而遭到囚禁，不禁心生不满。

贞观十七年（643年），张亮被派往洛阳，侯君集问张亮："你怎么会遭到排挤？"

张亮不解："如果因为公务外出任官就是遭遇排挤，那有几个人不是受到排挤？"

侯君集听不进去，他道："我为大唐攻破一国，回朝后却遭到皇帝厌弃，我这就是被排挤了！"

侯君集想了想，对张亮说："这么下去我们估计也难得善终，你想造反吗？要是想，我们一起造反吧！"

张亮闻言目瞪口呆，转头就把这件事告诉了李世民。

李世民得知后，对张亮说："你与侯君集同为有功之臣。说这些话时，只有侯君集与你两人在场，到时要是他死不认账，你也无可奈何。"于是李世民决定把这件事按下，对待侯君集还如往常一般亲厚。后来，李世民命阎立本画二十四功臣的画像，置于凌烟阁，侯君集赫然位列第十七位。

太子李承乾担心自己的太子之位被废，见侯君集常怀怨愤，便有心拉拢。侯君集的女婿贺兰楚石正好在东宫任职，李承乾便多次派他邀请侯君集入东宫，与之交好。

侯君集觉得李承乾这个情形就是李建成第二，于是劝说李承乾谋反叛乱。侯君集与李承乾制订好谋反计划后，总担心计划泄露，日夜不安。不承想事情果然败露了，太子因谋反被废。贺兰楚石见此，就把岳父侯君集参与谋反的事告诉了李世民。

李世民亲自审讯侯君集，他说："我不忍心让你遭受刀笔之吏的折辱，所以亲自来审查。"面对确凿的证据，侯君集无从辩驳，李世民失望地离开了。

李世民对群臣道："侯君集于国有功，我想饶他一命，诸位以为如何？"群臣纷纷表示："侯君集谋反，所犯的是天地不容的大罪，请陛下明正典刑，处死侯君集！"李世民叹息，来到狱中见了侯君集最后一面："我今日与你诀别，从此以后，只能去看你的画像了。"说罢，李世民痛哭出声。

> 遇事无须急于下定论，静待事态发展也是一种不错的选择。对已有定论的事件，做出判断就不容易遭到他人置疑。就如李世民，没有轻率地表现出对功臣的猜忌，使自己无愧于他人。

李世民贬李勣

唐太宗李世民设宴请诸位大臣，席间他醉醺醺地嘱咐李勣（本名徐世勣，唐高祖李渊赐李姓，后避太宗讳，改名李勣）："太子年幼，朝野上下，你是最值得托付之人，你不曾负李密，难道如今会负朕吗？"

李勣闻言泪流满面，醉意上头竟咬破手指，以血发誓，辅佐太子一定鞠躬尽瘁，死而后已。然后李勣醉得不省人事，唐太宗见李勣睡着了，便脱下龙袍披在他身上。但在贞观二十三年（649年）五月，深受信任的宰相李勣却突然被重病的唐太宗贬为叠州都督。

原来在一个月前，自知命不久矣的李世民对太子李治道："以李勣的才略智谋，辅佐你是完全够了。但你对他毫无恩惠，我担心他待你不会尽心竭力。我不久之后就会将他贬出京城，如果他在接到诏书后即刻出发，我死以后，你就立刻升他做仆射，信任、重用他。李勣受你恩惠，就一定愿意为你效忠。假若他徘徊观望，没有立刻就任，那你就将他处死。"

李勣接到任命后，连家都没回就赴任去了。几日后，唐太宗病逝。六月，李治即位。他遵照父亲的嘱托，晋升李勣为左仆射。

> 唐太宗李世民十分善于处理君臣关系，他表面上不再重用李勣，实际上却给势弱的太子留下一位死心塌地的重臣，可谓是恩威并施。

李治靠仁爱至孝坐稳太子之位

李治被立为太子后，就上表为两位兄长李承乾、李泰求情，请求李世民提高他们的待遇。李世民十分感动，马上就准奏了。

李世民心中宽慰，尽管他觉得作为未来的皇帝，李治某些方面不尽如人意，但还是忍不住庆幸道："承乾继位，李治、李泰不能保全。李泰继位，承乾、李治也不能保全。只有让李治继位，承乾、李泰和其他孩子们才都能活命。"

贞观十八年（644年），雄心不减当年的李世民即将出发讨伐高句丽，命李治留守定州。基本定下出发日期后，李治神色哀伤，整日哭泣，临别时对父亲依依不舍。他请求使用驿站的快马将记录自己工作起居的表章传递给父亲，李世民也要把边境情况告知他，李世民同意。

每当李治得知李世民亲临敌阵，便整夜睡不着觉，忧心忡忡，泪流满面。李世民班师回朝，李治前往幽州迎接。回京途中，李治得知李世民身上长了脓包，竟用嘴吸脓。担心李世民的健康，李治不坐车、不骑马，跟在李世民的轿子旁一连步行数日。

抵达京都，李世民病体未愈，命李治继续处理政务。李治在东宫听政，每逢闲暇就去西宫照料李世民，医药膳食，全部亲自过问。李世民病重时，李治更是日夜侍奉在旁，甚至连续数日食不下咽，连头发都白了许多。

李世民越看这个太子越喜欢，对他精心培养，长孙无忌、房玄龄、李勣、萧瑀、褚遂良……文士武将全部安排到李治身边。

李治对父皇给自己安排的辅佐班子十分重视，对待他们十分谦逊有礼，赢得了朝堂上下的拥戴和赞赏。

李世民晚年还亲自撰写《帝范》十二篇赐予李治，要求他加强对帝王之道的学习。为了让李治能尽快成为一个合格的储君，李世民言传身教，采取了"遇物必有诲谕"的教学方法。

李治端起饭碗，李世民就说："你要知道种庄稼的艰难，不扰乱农民耕种，这样才能有饭吃。"

看见李治骑马，李世民就说："你应该知道不能耗尽它的力量，才能常有马可骑。"

李治坐船，李世民就说："水能载舟，也能覆舟，百姓就是水，君主就如同舟。"

李治在树下小憩，李世民就告诉他："木材要以墨绳为准才能笔直，君主只有接受劝谏才能圣明。"

每当李治听到这样的话，就会马上恭敬肃立，感谢父皇的教导，表示一定"永志不忘"。

李世民还常让李治监国理政，积累经验，对他大加赞赏。李治进步飞速，李世民表示虽然不算非常满意，但还是值得夸一夸的，他曾对群臣道：

"太子，宗社之本，四海所系。而治天生仁孝，内外倾服，朕之此举，无愧于人神也。"

贞观二十三年（649年），唐太宗李世民驾崩，李治即位，是为唐高宗。

> 儒家"仁爱至孝"的思想，与权谋、武力比起来似乎作用微弱。李治用他的行为诠释了"博爱广敬，仁者无敌"。他友爱兄弟、侍父至孝、敬重朝臣，向全天下展示了一个无害又有能力的太子形象，牢牢坐稳了太子之位。

武则天驯服烈马

有一年，西域向大唐进贡了一匹名为"狮子骢"的好马。狮子骢性烈，宫廷驯马师们使尽浑身解数，却往往刚坐上马背就被摔下来，没人可以降服这匹烈马。

一个常年骑马征战的将军，见这马性子如此野，也想试试。他飞身一跃，跨坐在马背上，狮子骢当即腾起前蹄，用力跳跃，将这位将军掀了下去。将军摔趴在地，疼得半天都没站起来。

这时，跟随唐太宗在一旁观看的武媚娘道："皇上，可否让我来试一试？"

唐太宗看着年幼而瘦小的武媚娘，笑道："如此强壮的男子都做不到的事情，你觉得你一个弱女子就能做到吗？"

"皇上，女子便不能降马吗？"武媚娘道，"不过我需要三件东西，一根钢鞭，一把铁锤，一支匕首。"

唐太宗闻言纳闷道："你要这些东西来做什么呢？"

武媚娘笑着回答："马儿就是给人骑的，它不让我骑，我就用鞭子抽它。抽了还不行，我就用铁锤敲它的头。要是再不学乖，我就干脆用匕首把它宰了！"一番话让在场的所有人目瞪口呆。

武媚娘可不只是简单说说，只见她腰插铁锤、匕首，手上拿着钢鞭，朝烈马逼近。那马见人来，便打着响鼻，蹄子乱踏不许人靠近。武媚娘见状，举起钢鞭就"啪啪啪"狠狠抽了几鞭子，并趁机骑上去。烈马开始一个劲儿地蹦跳，想将武媚娘甩下。

武媚娘哪里肯，她紧紧抓住马的鬃毛，举起锤子朝马头猛地来了一下子。马遭到锤击，凄厉地嘶鸣起来。烈马被打得疼怕了，终究还是乖乖听从武媚娘的命令，温顺地跑起来，不再撒野了。而此时，武媚娘手中的最后一件武器——匕首，还不曾亮出。

确认烈马被驯服后，武媚娘拉住缰绳，利落地翻身下马，走到唐太宗面前复命。唐太宗连连称赞道："爱妃真是女中豪杰啊！"

> 虽然一味强硬容易引起对手反抗，但在激烈的竞争中，柔和有时并不是最佳选择。相反，强大的实力和强硬的手段才能快速使对手折服。

李亨谨慎事父

李亨在做太子时，行事十分谨慎，即使是细枝末节也不敢有一点疏漏。

一日，唐玄宗与李亨一起吃饭，有道菜是一只烤羊腿。唐玄宗让李亨将肉割好，李亨奉命。他割完羊腿，手上沾满油污，便拿起旁边的饼把手擦干净。

看到太子不知爱惜食物，唐玄宗心中不满，虽然暂且忍下没有发怒，但失望的神色还是不自觉流露出几分。

李亨察觉到父亲的不悦，却装作毫不知情，他慢慢把手擦干净，然后自然而然地把擦过油的饼吃进嘴里。

这着实在唐玄宗的意料之外，他忍不住高兴，告诫李亨："惜福就应当如此。"

细节决定成败。不经意的细节，往往能暴露一个人深层次的修养、品位和道德，而智者善于见微知著。李亨正是因为处处小心谨慎，才被唐玄宗看中，顺利继承皇位。

唐代宗不听闺房言

唐代宗李豫将自己的女儿升平公主嫁给郭子仪的儿子郭暧。

一次，升平公主与郭暧发生矛盾，升平公主仗着自己身份尊贵，刻意羞辱郭暧。郭暧气得口不择言，他怒道："你不就是仗着自己的父亲是天子吗！我父亲还不愿当天子呢！"

升平公主闻言，认为抓住了把柄，当即入宫告状。李豫听到这话，非但不生气，反而开玩笑道："这就是你不知道了。确实是这样，如若郭子仪要当皇帝，天下哪里还能是你家的？"

郭子仪得知这件事后赶紧将郭暧关起来，自己则入宫请罪。

李豫安慰他说："不痴不聋，不做家翁。小儿女的闺房之言，不值得听。"郭子仪回府后，狠狠打了郭暧一顿，此事便就此了结。

"不痴不聋，不做家翁"指长辈对小辈的过失要懂得装糊涂。升平公主与郭暧只是夫妻吵架，但由于双方身份特殊，稍微处理不好就可能使功臣寒心、君臣猜忌、国家动荡。李豫用玩笑一笔带过，正是"无声胜有声"。

唐代宗登基除奸

宝应元年（762年）四月，唐玄宗去世，唐肃宗病情加重。张皇后担忧无法掌控李豫，便偷偷召越王李系进宫，谋划废黜李豫。

张皇后假传圣旨，召见李豫。宦官李辅国、程元振打探到皇后的阴谋，派兵等候在凌霄门，李豫一抵达，便将他护送到禁军中保护起来。当夜，李辅国、程元振率领士兵软禁了李系、张皇后等人，唐肃宗受惊而死。随后，程元振等人拥立李豫继位。

李豫即位后，李辅国自恃权势功劳，骄横跋扈，竟大咧咧地对李豫说："陛下深居宫中即可，外面的政事自有老奴处理。"

李豫十分不满，但碍于李辅国手握兵权，只能乖乖答应，尊其为尚父，事事都与李辅国商量过后再做决定。

不久，李豫趁着李辅国没有防备，派人假扮盗贼，杀死了李辅国。然后他假意下令追捕盗贼，并派使者慰问李辅国的家属。

> 《菜根谭》中说："伏久者飞必高，开先者谢独早。知此，可以免蹭蹬之忧，可以消躁急之念。"懂得蛰伏的鸟，必定能够高飞，早开的花，凋谢得就格外早，想要干成大事，就要先学会隐忍不发。

唐睿宗传德避灾

太平公主借天象攻击太子李隆基，她指使术士告诉唐睿宗李旦："彗星出现标志着以新代旧。现在，心前星、位于天市垣内的帝座星都有变化，这一切都是上天示警，皇太子将要成为天子了。"太平公主本意是想要诬陷太子意图篡位，挑拨离间，使李旦心生猜忌。

李旦闻言却道："这是天意要我禅位太子，那我还是传德避灾吧！"

太平公主及其党羽没想到李旦会是这个反应，眼见弄巧成拙，又赶忙极力劝他不可禅位。

李旦坚持道："中宗时，奸佞擅权乱政，上天也曾多次示警。我当时就曾上奏中宗选个贤德的好儿子禅位，以此躲避灾祸，结果惹得中宗很不高兴。当时我可是因为这件事担心害怕了好几天，吃也吃不好，睡也睡不好。难道说，我能劝说中宗禅位，轮到自己却做不到了吗？"

李隆基听到消息，赶紧入宫，跪地叩头，劝父亲改变心意。

李旦劝他："天下安定，我登基为帝都是靠你。如今，帝座星出现灾异现象，我传位于你，也是希望能转祸为福，你又何必疑虑呢？"李隆基闻言，仍旧推辞。

李旦道："你如果是个孝子，就应当接受。难道一定要等我死了，才肯在灵柩前即位吗？"李隆基涕泗横流，只好遵命。

> 老子云："功遂身退，天之道也。"功业完成就该引身而退，这是自然的规律。李旦能够看清局势，顺应发展趋势，主动退位让贤，推动事情往好的方向发展，可以称清醒果断了。

唐宪宗兵败不馁

蔡州行营的唐、邓节度使高霞寓，遇伏兵败，只有他一人逃出生天。

在此之前，唐宪宗就曾与群臣商讨是否讨伐吴元济（淮西节度使吴少阳之子，勾结河北诸镇，与朝廷作对），朝野上下大多支持罢兵赦罪，不妄动干戈，唯有裴度表示绝对不能赦免吴元济。

现在高霞寓已经战败，群臣以为唐宪宗必定不会想继续用兵了，便又去劝说。

唐宪宗道："胜负乃兵家之常事。如果是王师就不会遭遇失败，那自古以来，朝廷出兵征战还有何难？朝廷屡屡不能平定淮西，不正是说明不该再姑息这号凶贼？今天，不是来商讨该不该用兵的，而是来商议这次出兵，朝廷的处置决断是否有不妥之处，众卿只处理关键问题即可。如果是将帅不合适，那就不要迟疑，立即撤去。如果是兵力不足，那就迅速给予支援。怎能因一个将领的失利就改变已经定好的大计？"

群臣听罢不敢再劝，在唐宪宗的大力支持下，裴度的平淮之计得以顺利实行。

> 计划行不通时，可以适当调整、改变计划，但不要轻易改变目标。尤其是身为领导者，更需要保持坚定的立场，为达成目标提供最有力的支持。

李忱装疯卖傻登上皇位

唐宣宗李忱是唐宪宗李纯第十三子，唐穆宗李恒异母弟。李忱从小就是皇宫中的异类，他一直疯疯癫癫，不与人说话，别人与他说话，他大多傻笑以对。唐穆宗并不觉得他是真的愚蠢，而唐穆宗的两个儿子，唐文宗李昂和唐武宗李炎，则认定这个叔叔脑子不大好，丝毫不将他放在眼里，常常公开戏耍李忱取乐。

唐穆宗在世时，一次宫中设宴，他命诸王将李忱逗笑，可无论这些人怎么逗，李忱都不为所动，好像自己是个木头，这种反差倒把众人逗得开怀大笑。

笑着笑着，唐武宗李炎觉得有些不对，皇叔的傻好像是装出来的。一个真正的傻子，看到众人围着他手舞足蹈，怎么也该傻笑一下吧？可皇叔如此镇定，就像刻意为之。

这个疑虑一直盘旋在唐武宗心中，等他继位后，屡次三番试探、迫害李忱，有一次甚至将他捆起来丢进厕所关了好几天，想让他淹死在粪坑里。李忱在臭气熏天的厕所里熬了几天，终于被宦官送出皇宫。

后来，唐武宗驾崩，宦官们开始物色新的皇帝。李忱痴傻好控制，成了皇帝的不二人选。结果，这个公认的傻子在登基后就好像换了一个人。

他肃清朝野、清理宦官，对危机重重的大唐进行了大的改革，开创了"大中之治"。甚至因他从谏如流，节俭恭谨，关心民生，颇具唐太宗的风范，广受百姓爱戴，被称作"小太宗"。

> "大智若愚，大巧若拙。"才智高的人往往掩藏锋芒，表面上看很愚笨。也许，年幼时期的李忱就是因此被误认为愚笨。而他将错就错，装疯卖傻以求自保，同时也趁机韬光养晦，最终得以一鸣惊人。

李存勖的大局观

唐僖宗时期，黄巢起义爆发，地方藩镇以剿匪之名开始争抢地盘。朱温占据汴州（河南开封），与据守河东（山西）的李克用打得难分难解。

面对这种状况，性格急躁的李克用十分烦恼，他眼见自己兵力不足，无法将敌军剿灭，常常很悲观。小小年纪的李存勖告诉父亲："朱温想要谋权篡位，这是在自取灭亡，父亲只要静观其变，暗自积蓄力量即可。等他和各个军阀混战，疲惫至极时，便能将其一举歼灭。"李克用闻言非常高兴，他重新振作，继续和朱温对抗。

李存勖自幼跟随父亲历经战火，经常为其建言献策。那时，占据幽州（北京西南广安门附近）的刘仁恭原是李克用麾下将领，受李克用的扶持才能占据幽州。但此人毫无感恩之心，在李克用向他征兵时竟按兵不出。

后来，刘仁恭也被朱温围困，他只好向李克用求助。李克用耿直刚烈，对这种忘恩负义之辈自然不愿出兵相救。这时，李存勖审时度势，劝说父亲从大局出发，把个人恩怨放到一边，出兵救幽州。他们可以利用幽州来牵制朱温，为自己这一方发展势力赢得更多的时间。李克用知道儿子所言有理，便冷静下来。他出兵救幽州，阻止了朱温继续扩张势力。

"不谋全局者，不足谋一城。"如果不能够从全局来考虑问题，那么局部的事情也很难做明白。

李从珂哭得帝位

潞王李从珂起兵反叛，他以清君侧为名，邀请各路节度使一同出兵攻打京师。后唐皇帝李从厚派王思同出兵讨伐，王思同带领各路大军围攻凤翔城。

凤翔城不是军事重镇，城低河窄水浅，不可能守住。而王思同所率大军和李从珂麾下军队相比，也占据了极大的优势。

朝廷重兵猛攻，凤翔城附近的小城先后失守，李从珂手下伤亡惨重，再打下去，恐怕城就要破了。李从珂站在城楼上，十分焦急，只恨自己没有多做准备。情急之下，李从珂急中生智，只见他三两下就将上身的衣服脱去，展露满身疤痕。他就那样立于城楼上，痛哭道："我自小追随先帝出生入死，经历无数战役，落下满身创伤，才有今日江山，你们大家都是知道这些的。现如今，皇帝宠信佞臣，竟然猜忌自家兄弟，我究竟犯下何等大罪要受此惩罚？"

李从珂声泪俱下，许多攻城的将士们不禁"物伤其类"，临阵倒戈。李从珂先后劝降曾经的部下杨思权、尹晖等攻城将领，趁势一举将所有讨伐的军队击败。他拥兵东进，直指洛阳，经过的郡县无不望风而降，朝廷派来征讨的军队也先后归附。

不久，李从珂便率军打进洛阳城，登基为帝，是为后唐末代皇帝。

苦肉计是三十六计中第三十四计，正所谓"苦肉计者，盖假作自间以间人也。凡遣与己有隙者以诱敌人，约为响应，或约为共力者，皆苦肉计之类也"。李从珂虽然没有故意损害自身，但通过展露自己的伤疤以达到离间敌军的目的，也可算作苦肉计。

李从珂从善如流

后唐末代皇帝李从珂对时局十分忧虑，却不知该如何作为。他责怪宰相卢文纪等人从来没有提出一点对国家有益的建议。

卢文纪等人辩解道："我等每隔五日便进宫向陛下问安，跟文武大臣列队觐见，时间太短了。虽有例行的问话，但目之所及全是侍卫，即使想说说自己的浅薄见解，也慑于陛下威势，不敢当众说出来。希望陛下能够恢复前代在延英殿奏事的制度，只让宰相和机要大臣随侍一旁，这样我们就能畅所欲言了。"

李从珂对这番说辞十分不以为然，他觉得卢文纪说得太夸张了，只道："旧制是每五日进宫一次，文武百官退朝后，宰相可独留奏事。如果只是一般事务，不妨当众奏明。如果是机密要事，那就不管什么时候都可以呈报到宫门处。我当然可以把侍卫全部遣开，随意一些接见你们，但不一定要沿用过去的延英殿奏事的制度。"

李从珂说的是对的，卢文纪等人既没有才干，也缺乏责任心，从没提出过一条有价值的建议，倒是一些下级官员提出了些不错的意见。

大臣史在德，为人疏狂直率，上书将朝廷及地方官员批评了个遍，还对各种不合理的制度都提出相应的建议。他在奏疏中说："朝廷的官员，大多都是滥竽充数选上来的。号称'将领'的，不懂军事常识，虽身着军装，手持武器，但一旦作战便会丢盔弃甲，战败更是直接丢下手下将士，率先逃跑。号称'文官'的，更是没几个有真才实学。他们大多品行恶劣，当询问他们的意见时，他们一问三不知，像样的话都说不出来。就是要写篇文章，也得请人代笔。这就是官职虚设，空耗国家财力。现如今，陛下想要维新中兴，图谋大事，正是革除朝廷积弊的好时机。我提议，所有军官，只要是身披铠甲的，都请您下令由他们的本军大将一一考校、检验武艺，以及兵法谋略。发现居低位但有将才的人，就提拔他担任高级将领。居高位却没有才干的，就贬作低级将官。至于文官，合该由陛下亲自出题，命中书令或宰相给他们安排一场当面考试，凡是官职不高而有大才的人，就升任他做高官。担当高官却没有才学的人，就将他们通通贬为小官。"

史在德的这封奏章虽然极端，但对于当时的情况来说，确实是直中要害。但这也惹恼了宰相和当权的一众官员。卢文纪等人恼羞成怒，一致要求李从珂严惩史在德。

李从珂见此，对陪侍在侧的官员道："我刚登基治理天下，本应该开放言论，如果有官员因为提意见而被定罪，那以后谁还敢说实话？"说罢，便命人草拟出一份诏书，传达给群臣："过去，魏征请求唐太宗奖赏皇甫德参。现在，有人却要我惩处史在德。皇甫德参和史在德本来没什么不同，但我得到的建议却与太宗不一样，为什么会这样？史在德一心为国，怎能责罚？"

经过这件事，官员们意识到李从珂不是可以轻易愚弄的君主，他的威望逐渐加深，朝政也渐渐清明起来。

"从善如流"形容可以迅速而顺畅地接受正确的意见。当别人提出意见时，很多人都会先考虑，然后采纳。但并不是所有的意见都是正确且行之有效的，决策者需要有足够的远见，才能辨别出正确的意见，虚心接受。

石敬瑭杀马剖腹断案

石敬瑭在治理河东时，处理过一些疑难案件。有一日，一个妇人和士兵发生了争执，告到官府。妇人说："我在门外晒谷子，这个士兵纵容他的马吃了许多，请大人为我做主。"士兵一直喊冤，但又没有办法证明自己是清白的。

石敬瑭告诉断案的官吏："他们二人争执不出结果，用什么能辨明是非呢？你将那匹马杀了，破开它的肠子看看里面到底有没有谷子。有，就将士兵处死。没有，就将妇人处死。"于是马被杀死，马腹中没有发现谷子。原来是这个妇人想要诬陷士兵，诈取钱财。石敬瑭当即下令处死妇人。妇人死后，境内肃然，再无人敢做类似的事情了。

乱世用重典。现在看来，石敬瑭的处理方式似乎过于简单、粗暴、残忍，但在动荡的五代时期，只有通过严苛的法律来惩治犯罪才能整顿风气，治理一方。他的行为看似野蛮，实则展示出了自己维护公道的形象。

第二章

文臣

裴寂借势上位

隋大业十二年（616年），唐国公李渊担任太原留守，裴寂因是李渊的老朋友，李渊对他非常好，经常和他一起通宵达旦地饮酒聚会。

当时，李渊的次子李世民想要举兵反隋，却不敢直接和父亲说。于是，他拿出钱财，私下交给高斌廉，让他通过赌博故意全输给裴寂。裴寂果然高兴，和李世民也越来越亲近。李世民遂据实以告，裴寂二话不说就应承下来。

裴寂偷偷挑选了一批晋阳宫宫人来服侍李渊，他又陪着李渊饮酒。酒酣之际，裴寂对李渊道："二郎（即李世民）自己暗地里招兵买马，想要做一番大事。而我私自让皇宫的宫女侍奉您，这件事要是泄露出去，我们就性命不保了。现如今天下动荡，盗贼四起。你如果一味守着君君臣臣的小节，就难逃一死了。但如果举兵造反，就一定能成事。你觉得如何？"李渊便道："我儿既已拿定了主意，那就这样吧。"

到了李渊起兵的时候，裴寂直接进献了五百名宫女，还把晋阳宫中的九万斛粮草、五万段杂彩、四十万件甲胄充作军用。不久，李渊开设大将军府，命裴寂担任长史，还赐他闻喜县公的爵位。

武德元年（618年），隋恭帝杨侑表示要禅位给李渊，李渊推辞不肯接受，裴寂便率领众大臣劝说，李渊再次拒绝。于是，裴寂又进言道："夏桀、商纣都有子孙后代，但成汤、周武却没有选择辅佐他们。我裴寂的爵位、官职都是由大唐所封，陛下要是不称帝，臣就应该辞官去了。"

李渊这才同意，五月受禅称帝，是为唐高祖。裴寂因功勋显著，官拜尚书右仆射，也就是宰相。每当李渊上朝的时候，必定会请裴寂和他一样坐下来，退朝后还会把他留在皇宫中，对他的建议都很赞同。裴寂的超规格待遇，朝野上下无人能及。

> 《孙子兵法》有云："激水之疾，至于漂石者，势也。"湍急的流水能够冲走巨石，乘上他人的顺风车自己也会一帆风顺。而裴寂的所作所为，正是顺势而为，借势上位。

魏征劝阻李世民征兵

有一年，唐太宗李世民派人征兵，有个大臣提议，不要管满没满十八岁，只要是长得壮实的男子都可以征来当兵。李世民觉得这个建议很好，于是发下圣旨。

但没想到，圣旨传到魏征手中却被压下，李世民几次催促，魏征就是不动。李世民大发雷霆，把魏征叫到跟前问："你一直不把圣旨传达下去，是想干什么？"

魏征毫无惧色，只慢悠悠地问："要是在大湖中捕鱼，把湖水全部抽干，确实能捕到很多鱼。但是，来年这湖里可就没有鱼捕了。您征兵连十八岁以下的男子也要征来，那以后还有兵可征吗？田地还有人种吗？赋税还有人交吗？"

李世民如醍醐灌顶，立刻就没了火气，赶忙下旨修改征兵政策。

> 面对征兵问题，魏征用竭泽而渔的比喻让李世民直接意识到问题的严重性，从而欣然纳谏。唐太宗曾说："卿所陈谏，前后二百余事，非卿至诚奉国，何能若是？"魏征犯颜劝谏，却深受赞赏，与他高超的劝谏技巧分不开。

魏征巧答脱险

玄武门之变前，魏征作为太子党的核心人物，曾极力劝说太子李建成趁早杀死李世民，但李建成最终没有采纳。玄武门之变后，这件事被李世民知道了，他派人捉拿魏征，与其当面对质。李世民质问道："你为什么要离间我们兄弟？"

李世民与李建成闹到这个地步，哪里是魏征能离间出来的？李世民这样问，只不过是想要表明太子受小人挑唆，想要除掉自己，他起兵杀死兄弟只不过是出于自保而已。

魏征一瞬间就明白了李世民的用意，便不卑不亢地回答："太子如果早听我的劝，哪里会落得今天这个地步？"在场众人一听这话，都觉得魏征必死无疑了。

没想到李世民怒容渐消，因为他已经得到满意的答案，魏征这番话表明，他与太子的争斗无关道德是非，只是谁先下手的问题。而魏征的回答也有另一层意思：虽然太子不听我的劝诫，但我确实是个人才啊！

李世民果然爱惜魏征的才华，既往不咎，在即位后对他大加重用，谱写了一段君臣佳话。

李世民与魏征之间，看似只有一问一答，但对魏征来说却是一场关乎性命的赌局。如果李世民没有容人之量，那魏征的这番回答就是他的遗言。所幸，李世民爱惜人才，使这挑衅一般的对话成了魏征的救命良药。

魏征化解危机，借机进谏

有人向唐太宗李世民告密，说魏征包庇、扶持自己的亲戚。于是李世民派出御史大夫温彦博调查此事，结果没有发现证据，但温彦博还是觉得魏征行为作风有问题，他对李世民道："魏征身为臣子，行为应当光明正大，他就是不懂得避嫌，才会惹来这些没凭没据的诽谤。即使他做事不掺杂私情，您也应当责备他一番。"

李世民觉得有道理，于是让温彦博代替自己训斥魏征，并告诫他："从今以后，做事都要显露行迹，让大家看到。"

次日，魏征入朝上奏："臣听说君臣一心，就好像一个整体。不管国家大事如何，苛求臣子做事展露行迹，如果君臣上下都这样做，那国家的兴衰就不可预料了。"李世民恍然大悟，道："我知道这件事不是你的错了。"

魏征不肯罢休，跪下道："希望陛下能让臣做一个良臣，不要要求臣去做忠臣。"

李世民不解道："忠臣、良臣有何不同？"

魏征回答："稷、契、咎陶（皋陶）就是良臣，龙逢、比干则是忠臣。良臣能让自己获得美名，也能辅助君主得到贤名，能够使子孙永享福禄。忠臣则会使自己性命不保，陷君主于愚昧、凶暴的境地，最终国破家亡，也只能得到一个忠臣的名头。这样说，忠臣与良臣差别可就大了。身为臣子，正确的做法应该是，成为有用的良臣，辅佐君主成为懂得纳谏的明君。"

李世民表示魏征说得很对，继续问："那你说，怎样才能成为明君呢？"

魏征回答："偏信则暗，兼听则明。"李世民醍醐灌顶，非常高兴，当场赐给魏征五百匹绢。

很多人都认为魏征是一个诤臣，经常在朝堂上把李世民驳得哑口无言。但实际上，魏征可不是直樘李世民，他的独到之处在于真正懂得圣意。比如，他的良臣和忠臣理论，不仅抓住了李世民最关心的自己是不是明君的心理，还上升到了国家存亡，李世民焉有不服之理？

魏征劝唐太宗理性看待过激谏言

唐朝时，有位叫皇甫德参的县丞，给唐太宗上书提意见："修建洛阳宫，太劳师动众。您加收地产税，这是巧立名目、横征暴敛。民间现在流行的那种浮华不实的高髻发型，也是皇宫中流出的不好风气……"

唐太宗看过皇甫德参的奏章，气得直接将奏章摔在地上，骂道："那照他这意思，朝廷应该一文钱的租税也别收，一个劳役也不征，宫里人个个都剃成秃子，他才满意！"

魏征在一旁劝道："陛下，话可不是这样理解的。汉文帝那时，贾谊上书，还曾说过'可为痛哭者三，可为长叹者五'。但汉文帝理政真的那样不堪吗？当然不是。臣子给皇帝提意见时，时常言辞激切。这并不是因为他们喜欢激切，而是他们如果不激切，就很难引起君王的重视，不足以让君王意识到事态的严重性。"

唐太宗有些理解，但还是有点不高兴，道："难道为了让我重视，就能如此讥讪毁谤朝政吗？"

魏征道："这样激烈夸张的谏言看似是诽谤，但与恶意的诋毁从本质上来说是不同的。古人说'狂夫之言，圣人择焉'，臣子的言论激切片面，也不是要君王悉数采纳，还得甄别、取舍。陛下不要因为谏言过激，就怪罪劝谏之人，不然，就没人敢给您提意见了。"

唐太宗听罢，道："爱卿所言甚是，赐二十匹绢给皇甫德参，让他以后继续提意见吧！"

真正的聪明人，不应让固有思维限制住自己。遇到事情，不妨换个角度看待，从多方面理解问题，也许就能发现不同的意义与可能。

魏征驳封德彝

李世民即位之初，曾与群臣谈到教化问题，李世民担忧道："如今动乱初定，我担心百姓不易教化。"

魏征不赞同道："我认为不是这样的。长久的安定容易让百姓变得骄逸，骄逸便难以教化。现在的百姓饱经动乱，易生忧患，心怀忧患自然容易教化。就如同饥饿的人不挑剔饮食，干渴的人不挑剔饮水一样。"李世民闻言点点头。

封德彝的看法则不同，他道："三代之后，人逐渐变得浅薄奸诈，所以秦朝才会用法律，汉代采用王道掺杂霸道，正是因为想施行仁义教化却很难收效，教化哪里是能够推行却不去推行的呢？魏征一介书生，不通时务，如果您听信他这番空谈，必然会使国家败落。"

魏征不以为然，道："五帝、三王可不是换掉百姓再施行教化的。从前黄帝伐蚩尤，颛顼灭九黎，商汤逐夏桀，武王诛纣王，均能治理天下，成就太平盛世，难道不是因为他们承接了大动乱吗？按照你这个说法，古人淳朴，后代逐渐变得浅薄奸诈，那到了今时今日，人民应当全部化为鬼魅了，君主怎么还能统治天下？"李世民深以为然，选择听从魏征的意见。

在与他人辩论时，要善于挖掘对方观点的不合理之处，使其更明显地展露出来，这种"放大"对方错误的方法，就是"归谬法"。

姚崇力排众议灭蝗虫

唐开元四年（716年），山东地区蝗灾泛滥，当地百姓只知祭拜，却无人敢捕杀蝗虫，任由禾苗被啃食殆尽。

姚崇却不信邪，他建议唐玄宗灭蝗虫，但遭到了众大臣的反对。那时候，不仅老百姓认为蝗虫是老天要惩罚人们，众官也认为是在执政过程中出现了什么不对的地方，以致引来了天灾，所以不敢对抗蝗灾。于是，全国上下都希望皇帝能够"引咎责躬"，而没有几个人去思考如何从根本上灭蝗。

唐玄宗见此也犹豫不定，姚崇只能耐心地给他分析蝗灾的可怕后果："北魏时山东也闹蝗灾，因为朝廷不肯捕杀蝗虫，以致庄稼颗粒无收，百姓相食。如今，河南河北没有什么存粮，山东飞蝗漫天，要是没有收成，百姓就要流离失所了，这可是关乎国家安危的大事情。"

唐玄宗听到这里，眉头皱了起来："爱卿说得对。可是，人们说灭蝗违背上天旨意，违反天理……"

姚崇提高声音说："这是那些死读书的儒生不知道变通。灭蝗的事关系到国家安危，所以不能墨守成规。即使蝗虫没除尽，也比什么都不做强。"

唐玄宗点头，姚崇又说："我知道陛下爱惜生灵，不喜欢杀戮。这事，我发公文让下面去执行就可以了。如果没有灭掉蝗虫，使百姓免于陷入更大的灾难中，陛下您就把我所有的官爵削掉！"

唐玄宗虽然被说服了，但一众大臣还是惊恐怀疑，十分不安。卢怀慎道："蝗虫可是天灾，人力怎么可能除去呢？况且杀了这么多虫子，实在是有伤天和啊！"

姚崇道："当年，楚惠王吞蛭治好了顽疾，孙叔敖斩蛇也得到了福报。

如今，蝗虫明明可以除去，要是放任它们把粮食吃光，那百姓该怎么活下去？灭蝗虫救人命，如果上天要降下灾殃，自有我姚崇一人承担，绝不会让您被连累的。"卢怀慎哑口无言。

地方官员也反对灭蝗，汴州刺史倪若水进言："只有修好德行才能消除天灾，之前刘聪（十六国前赵国君）除蝗不成，反而招来了更大的灾殃。"倪若水不听中央指挥，坚决不肯灭蝗。

姚崇于是写信责备道："刘聪是篡位之君，德行不足以战胜妖孽。当今陛下是圣明之君，妖邪不能胜过陛下的德行。你要是说修好德行可以免除蝗灾，那发生蝗灾就是谁德行不够吗？"倪若水不敢再说其他，只好配合灭蝗。

因为姚崇的坚持，蝗灾的危害被降到最低。当时虽然蝗灾连年，但没有形成大面积的饥荒。

> 姚崇治蝗正应了一句话：只有直面灾难，灾难才能过去。

姚崇神机妙算免遭报复

唐朝时，张说曾与姚崇一同担任宰相，二人经常发生矛盾，张说对姚崇心怀怨恨。

姚崇临终时，叮嘱儿子："我死后，张说依照礼节，必定会前来吊唁。到时候，你们可以把我收藏的奇珍异宝全都摆放出来，他平时最喜欢这些东西。要是他看都不看一眼，你们就危险了。要是他瞧上一眼，他喜欢什么你们就送给他什么，再请求他给我写神道碑碑文。得到碑文后，你们立刻誊写，呈报陛下后立即雕刻。事后，张说一定想反悔，向你们要回碑文，你们就告诉他碑文已经报给陛下了。"

姚崇死后，张说前来吊唁，一听姚崇死前希望由他来撰写碑文，也不推辞，大笔一挥，细数姚崇一生的功绩，将他大大夸赞了一番，写下一篇情真意切的碑文。姚崇的儿子火速把碑文呈报给皇帝。

没过多久，张说果然后悔了，派人来索要碑文，说想拿回去再改一改。姚崇的儿子告诉来者，碑文已经报给皇帝审阅了。张说得知后，满心懊悔道："姚崇死了还能算计活着的我，到现在我才发现自己的才能是比不上他的！"

> "神机妙算"形容有预见性，善于判断形势，决定策略。神机妙算靠的不是天意，不是运气，而是对人性的洞察和对客观情势的把握。

姚崇巧答解危机

一日，唐玄宗召见姚崇，用平淡的语气问他："爱卿，你有几个儿子？都多大年岁了？在何处任职啊？你这样忠诚有才干，想必你的儿子也是人才吧？"唐玄宗问得自然，可姚崇却在心中连道不妙。

君臣二人打了几年交道，一直都很合拍。姚崇知道，皇上不是爱和臣子拉家常的人，今天这么问，一定是有什么事情发生了他却还不知道。

原来，姚崇早年曾经提携过一个小官，名叫魏知古。他因为刚正耿直，很得皇上信赖，一路升官，现在与姚崇一样官至宰相。姚崇心理落差有点大，就对唐玄宗提议道："现如今东都（洛阳）正在选拔官吏，臣认为魏知古恪尽职守，不如派他前去主持吧。"

唐玄宗觉得这个提议很好，宰相到东都出差，可以提高中央与地方之间官员调动的灵活性，于是就把魏知古派到洛阳去了。魏知古听说是姚崇把他踢出中央的，心中十分不满。

姚崇有两个儿子此时正在洛阳，一见是受父亲提携的人来了，心里的小算盘打得啪啪作响：父亲对魏知古有恩，那他不说涌泉相报，也应该知道给我们行一点方便吧。想做就做，这两人当即就选了许多心腹，引荐给魏知古。姚崇的儿子表示，希望魏叔叔能给他们几个安排个官来当当。

不料，魏知古不但严词拒绝，还把姚崇儿子找到自己求官的事情报告给唐玄宗。唐玄宗得知这件事后很不高兴，便借机询问姚崇。

姚崇自然也知道这件事，心想魏知古该不会把事情捅到皇上这里了吧！他只能斟酌言辞应答："我一共有三个孩子，两个都在东都。平日里，这两个孩子就不大会说话，还好有他们的魏叔叔照应，有什么难处都乐意请他帮忙。陛下，是不是我这两个儿子犯事了？"

唐玄宗一听就知道姚崇没有对自己说谎，他不答反问："你就这样告诉我，是不是对你的儿子不大好？"

姚崇坦然道："往昔，魏知古还是微末小官时无人喜爱，是我见他有才华才重用提拔。我那两个儿子知道我和魏知古的这层关系，他们大概以为魏知古一定会感念过去的情分，所以有事就理所当然去找魏知古帮忙了。"

唐玄宗闻言，对姚崇儿子的做法很理解，对姚崇的不满也没有了。反过来，他倒是觉得这个魏知古人品不太行，姚崇那样帮他，没有姚崇就没有今日的魏知古，结果这人不愿帮忙就不帮呗，还专门来告状，这不就是忘恩负义、恩将仇报的小人行径吗？

唐玄宗表示他想将魏知古罢官，朝廷怎么能让这样的小人掌权？

姚崇见此，赶紧劝道："陛下，此事本就是我那两个儿子扰乱朝廷法度，陛下愿意宽恕他们我就已经感恩戴德了。如果您因此而罢黜魏知古，那群臣百姓该以为你是在偏袒我了。我担心这样做会违背您以德治天下的宗旨。"于是，唐玄宗免去魏知古相职，改任其为工部尚书。

魏知古将实情告知唐玄宗，以证明自己刚正不阿。但他忘记了，上位者其实更加关注臣子忠诚与否。如魏知古这样揭发恩人，本身就不讨上位者喜欢。而姚崇虽然私心过重，但他的巧妙应答，以及不落井下石的做法，也饱含了官场智慧。

张说明察息谣言

武则天执政末期，政变频发，直至唐睿宗李旦即位后，政局仍不稳定，太子李隆基的地位十分不稳。

一日早朝，唐睿宗对诸位大臣道："近几日有术士预言，说是五日之内便会有军队攻进皇宫，你们觉得该如何是好？"群臣闻言，震惊异常，纷纷要求查明此事，并加强警戒。

张说见此，道："臣以为这是有心之人传播谣言，不过是想借机诬陷太子。皇上只要任命太子监国，参与处理国家大事，巩固太子的权势地位，把君臣名分定下来，则人心稳定，政局平稳，搅风弄雨的小人也就没有继续做下去的胆量了，流言蜚语自然也能烟消云散。"

张说的想法，得到了其他几位大臣的认同。唐睿宗当即下诏，宣布从即日起由太子监国执政，李隆基的地位由此逐渐稳固。

正所谓"聪者听于无声，明者见于未形"。从古至今，聪明人总能洞若观火、掌控全局，并以此化被动为主动。他们所凭借的，并不是天授奇才，而是精细入微的观察，以及严谨的逻辑分析。

裴度巧谏唐宪宗

裴度做宰相时，唐宪宗想去东都洛阳，群臣纷纷劝阻。大臣们言辞恳切，入情入理，但唐宪宗就是充耳不闻。

见此，裴度道："国家建立别都，本就是为皇帝巡视之用。但自安史之乱后，东都的官衙、民宅全部破败不堪，土地更是荒芜，那里还有很多需要修整的东西，须经过一段时间的修缮才能迎接圣驾。您如果仓促东行，当地的官员没做好准备，免不了要因此而获罪吧。"

唐宪宗闻言，高兴道："别人劝我，分析得都没你透彻。既然东都还是那副样子，我去了确实也不方便，就不去了。"于是打消了前往洛阳的念头。

当被劝谏的人已经产生明显的对抗情绪时，一味劝说只会令对方更加反感。不妨先站在对方的立场上分析问题，沉着冷静地解释，表示自己的诚意，打消对方的成见。

裴度镇定收印信

唐朝时，裴度担任宰相。一日，他因为公务在中书衙门设宴待客。就在酒酣之际，宾主尽欢之时，一名属下悄悄来到裴度身边，低声禀报："我等加班起草完公文后，想去盖上印章，结果发现存放印信的盒子摆在那里，可印信却不见了。"

印信是官府权力的凭证，丢失印信是重大失职，一定会受到处分，如何能不急呢？但裴度听过之后毫无紧张之色，他手持酒杯，表情十分怡然自得。然后，他小声警告道："如今我正宴请宾客，你们暂且退下，不要让宾客扫兴。全都守住口风，不要声张。"

属下有些迟疑，找都不找？这位宰相大人想什么呢？属下一脸纳闷地退下，酒宴还是照常进行。一群人喝到深夜时，那名属下满脸惊喜地告诉裴度："大人，印信又找着了，在盒子里好好的，难不成是撞鬼了？"裴度不语，只挥手让他退下，继续主持宴会，直至大家尽欢而散。

事后，属下询问裴度这是怎么一回事，裴度答道："这必是衙门中的人私自写契券，偷拿印信盖章，我猜他用完后就会放回原处。如果我们当时声张出去，那人一定会破罐破摔，为证清白将印信直接扔掉，那样就再不能找回来了。"

属下听罢茅塞顿开，对裴度钦佩非常。他提议："现在印信已经找回，何不查出是谁犯错，杀一儆百呢？"

裴度答道："印信轻轻松松就被拿出去了，说明是管理存在漏洞，这是我的责任。人谁无过呢？如果事事计较，揪着人家的小辫子不放，这世上就无人可用了，所以还是就此放下吧！"

冯梦龙对这件事评论道："不是矫情镇物，真是透顶光明。"裴度不是故作镇定，而是真的聪明透顶，洞若观火。有时候，对人对事宽宏一些，不仅是给他人机会，也是给自己留余地。

娄师德"唾面自干"

武则天当政时期，有两位名相，一个是狄仁杰，一个是娄师德。二人同年出生，脾气却迥然不同。

娄师德沉默寡言，忍功惊人。一次，他送弟弟去外地赴任，分别时，担心弟弟的火爆性格，就问："上任之后，有人对你心怀怨恨怎么办？"弟弟知道，兄长最提倡忍让他人，就回答："他生气，就算冲我吐唾沫，我擦干净走就是了。"

谁知，娄师德却说："别人吐唾沫，你不能擦，让它自己慢慢干，否则，别人是很难消气的。"这就是"唾面自干"的来历。娄师德大多数时候给人的印象就是老好人，无能软弱。

而狄仁杰则口才过人，刚烈狂傲。当初，酷吏来俊臣诬陷他，把他关进监狱时，有人要他攀扯来俊臣的一个仇人，如此便可出狱。狄仁杰一听，这怎么能忍？直接大吼："皇天后土，可表忠诚，竟然要我狄仁杰去陷害好人！"他以头撞柱，流了满脸血，把人吓得落荒而逃。

这二人一张一弛，一个老练，一个果决，武则天选择这二人为相，觉得他们一定可以成为自己的好帮手。

谁知，狄仁杰对娄师德不屑一顾，觉得娄师德就是个庸碌无能的锯嘴葫芦，也配与他同为宰相？狄仁杰处理政事往往独断专行，把娄师德撇到一边。

私下里，狄仁杰与人笑话娄师德，说他就像个木偶，不比他狄某人，要娄师德处理政事，那些政务还不得把他压趴下！这话传到娄师德耳中，他只是一笑而过，好像被嘲笑的不是他一样。于是，狄仁杰更加看轻娄师德。

武则天觉得这样十分不妥，她找来狄仁杰，问："你对娄相的印象如何？"

狄仁杰道："他也就那样，没什么本事。"

武则天笑道："爱卿不知道了吧。娄相有识人之明，这可是宰相必备的素养。"

狄仁杰不信，道："臣和娄相共事多年，从没在哪个地方发现他有识人之明啊！"

武则天不答反问："你知道我为什么会越级提拔你吗？"

狄仁杰自得地笑笑，道："大概是看重臣的才能吧。"

武则天也笑了，告诉他："爱卿固然才能过人，可我身居宫廷，很难了解地方上的臣子。提拔你是因为有人推荐。"

狄仁杰没有想到，忙问："敢问是哪位大人推荐臣的？"

武则天道："娄师德。"然后把娄师德的十封举荐信拿给狄仁杰看。狄仁杰难以置信，娄师德竟然为他写了十封举荐信，道："臣没想到竟然是娄相举荐的，娄相从没对臣显露分毫。娄相盛德，臣和他比差远了。"

自此，狄仁杰对娄师德敬重非常，二人的关系缓和不少。

> 娄师德宽宏待人，不仅仅因为他不愿多生是非，更因为他有自己的格局。与人交往，摩擦、误会是难免的，与其怀恨在心，不如想开看淡，少为不值得的事情劳心费力，多把精力投注到自己真正想做的事情上。

阎立本赞狄仁杰"非画不可"

唐高宗永徽年间，阎立本担任河南道黜陟使，负责考核官吏。在行至汴州（今河南开封）时，当地小吏向他举报汴州判佐触犯律法。阎立本立刻把汴州判佐找来调查，结果发现他不但没有违法，还是位不可多得的人才。

阎立本对他说："作为一个画家，在我心中也分想画之人和不想画之人。在想画的人物中，第一眼见到便使我忍不住想动笔的人少之又少，你就是这极少数中的一个，我非得给你作一幅画不可。"

阎立本觉得非画不可的小官就是狄仁杰，他在面对与自己身份悬殊的上官时没有一丝畏惧的神色，十分沉着冷静。阎立本事后与人感叹："被我凝视，却一点也没有改变神色的人，真是从来没有见过。"

不久之后，狄仁杰便受到阎立本提拔，从此一展才能，终成一代名臣。

"慧眼识英才，理璞成大器"，意思是有眼光的人发现被埋没的人才，人才经过锤炼能成大事。阎立本与狄仁杰之间的故事，正是这句话的真实写照。

张九龄劝张说注意为官之道

开元十三年（715 年），唐玄宗东巡，将在泰山举办祭祀大典。张说负责挑选陪侍皇帝登山的官员，他选出来的大多是与自己亲近、负责文书工作的两省小官。这些人得以破格晋级，被授予五品官职，参加祭典。

当时，张说命令张九龄拟写诏书，张九龄劝张说："这次封赏官爵是要给天下人看的，你应该把德高望重的人排在前面，功勋卓著的老臣排在后面。但凡顺序弄错，就会招来指责、批评。现在陛下要登山封禅，广施恩泽，是千年一遇的大好事。如果有名望的人不能蒙受恩泽，在官府中处理文书的小吏末流却被加官晋爵，只怕诏令一出，全国各地的人都会倍感失望。现在还在草拟阶段，事情还能改变，希望您能仔细斟酌这件事，不要事后后悔。"

张说不以为然："我已经把事情都定好了，那些荒唐、没凭没据的议论，哪里值得在意呢？"他终究是没有听从。诏令出台，得罪了大半朝堂上下的人，张说遭到了许多人的指责。

《论语》中说："君子之于天下也，无适也，无莫也，义之与比。"意思是君子做事不分亲疏远近，只需就事论事，如果过于偏向他人或者打压其他人，夺取他人的合理利益，那就是给自己树敌，迟早会为人所不容。

御史丢状试真伪

一日，唐高祖李渊正在批阅奏折，批到一份密告，上面赫然写着"岐州刺史李靖意图谋反"，并列举李靖数条罪状。李渊将信将疑，他一向视李靖为亲信，待他不薄，况且李靖政绩突出，忠心耿耿，怎么可能谋反呢？但如果他真的有不臣之心呢？

唐高祖思索再三，还是派出一名有才干的御史前往调查。李渊道："如果查明李靖谋反，就将他就地正法。"

御史觉得奇怪，他负责监察朝中要员的动态，从没发现李靖有谋反的迹象，并且他一直觉得李靖是朝中难得的忠臣。于是出发前，御史以方便查案为由，请求李渊派告发李靖的官吏一同前往，以便做证。李渊同意。

御史日夜兼程赶到岐州，他安排随行队伍住在不起眼的驿站之中。次日一早，御史忽然神色慌张地从房间中冲了出来，说状子不见了。这下可没法交差了，众人惶惶不安。丢失皇帝交付的东西，后果不堪设想啊！御史气急败坏，命人把担夫及掌管文件的典吏捆起来，二人脸吓得脸色铁青，直呼冤枉。

御史审问一番后，毫无进展，只得怏怏走入房中，将那密告李靖的官吏叫过来，道："本官不慎将状子遗失，案子办不下去不说，我等也无法向皇上复命。所以，还要劳烦你重写一份状子了。"

那官吏闻言犹犹豫豫，但到底是不敢违抗御史，便重新写好一份。御史接过，定睛一看，脸色大变，喝道："大胆！你竟敢诬告李大人。来人，把他给我拿下。"

那官吏浑身发抖，但仍不肯承认："我所犯何罪，请大人道明。"

御史拿出前一张状子，两相对比，道："凭你也想瞒得过我？你前后所写的两张状子，为何有多处不同？定是你胡编乱造，蓄意构陷！"

那官吏不再辩驳，审讯之后，发现果然是诬告。

做事要实事求是而善于变通。御史没有直接查办李靖，而是理性分析客观情况，巧妙地找出真相，没有让这起诬陷忠臣谋反之案造成更恶劣的连锁反应。

韩滉随才授用

韩滉担任镇海军节度使时，长期镇守两浙（今浙江省全境及江苏省长江以南地区）。他非常擅长任用官员，可以根据每个人擅长什么来安排职务，做到人尽其才。韩滉手下的官员没有一个是感觉自己怀才不遇的，他的用人之才被广为传播。

一日，韩滉故友的儿子登门拜访，他拿着父亲的亲笔信，请求韩滉能给他个一官半职。故友的儿子自然是要照顾的，但在交谈的过程中，这人却向韩滉坦言，自己没有什么特殊的才能，资质勉勉强强，只能算一般。

韩滉一时之间也犯了难，不知该如何安置他。无奈之下，韩滉只能先将人留下。不久，韩滉带着朋友的儿子参加宴会。宴席之上，朋友的儿子正襟危坐、纹丝不动，旁座的人都在推杯换盏，只有他目不斜视，一直到宴席结束。

韩滉看到这一幕之后，心中就有了主意。随后，韩滉安排这人进入军营，担任军库门卫。此人上任之后，恪尽职守，每日按时到岗，绝不提前下班。他就那样端正地坐着，神情严肃、一丝不苟，一天下来没有擅离职守的时候。于是，军官、士卒也都不敢擅自出入、迟到早退。

"天生我材必有用。"每一个人都有自己的才华,如何发挥自身优势才是问题的关键。韩滉能看到别人的优势,所以他手底下的人个个都是人才,个个都能一展所长。

王珪谏帝放美人

贞观二年(628 年),侍中(相当于宰相)王珪进宫晋见唐太宗,公事办妥后,君臣二人谈起庐江王李瑗,都感慨连连。原来李瑗是李渊的堂弟,李渊称帝后,封李瑗为庐江王。后来李瑗与李建成、李元吉两兄弟合谋,想要杀害李世民。事败后,李瑗举兵造反,结果被部下所杀。

君臣二人说话间,一位美人走到近前,为他们送来一盘瓜果。美人放下盘子后转身欲走,唐太宗却叫住了她,得意地问王珪:"你看看,怎么样?"

"确实是个很美的美人。"王珪答道。

"爱卿,果然还是你有眼力。"唐太宗给他介绍,"我告诉你,她可是庐江王李瑗的爱妾。她原本是有丈夫的,只是有一天倒霉,被李瑗给瞧见了,李瑗非要娶她。她的丈夫不舍得这般貌美的妻子被夺走,就带她躲在外面。谁料想,李瑗竟杀死了她的丈夫,强娶了她。李瑗被杀后,这个美人就归我了。她美丽贤淑,俏丽端方,我非常喜欢。"

美人听着,扬起明月般的脸庞,冲着唐太宗一笑,转身离去。

王珪笑道:"真是巧,我们正说李瑗呢,这位美人出来真是应景。不过我有些不明白,这李瑗杀人夺妻到底是对还是错呢?"

唐太宗不可思议道:"怎么?这么浅显的道理你都不明白?这当然是错!"

王珪闻言,面露正色,严肃地对唐太宗说:"单单知道对错可不够,还需约束自己，不去犯相同的错误。"接着他向唐太宗说了一个故事。

王珪说，有一次，管仲陪同齐桓公外出巡视，入目只有一片断壁残垣，齐桓公就问当地人："这里是什么地方？"

当地人告诉他："是郭氏的住宅，被人毁了。"

齐桓公不解道："郭氏一向显赫强大，为何这么快就被人消灭了？"

当地人告诉齐桓公："因为郭氏喜欢别人有善良刚正的品行，可是自己从来没有践行过；郭氏反对伪善卑劣，自己却不曾摒弃过这种行径。这就是郭氏灭亡的原因啊！"

管仲有感而发："如果一个人反对、制裁恶人，但自己又去做恶人做过的事，这种人和郭氏又有什么不同？他的结局又能比郭氏好到哪里呢？"

王珪讲完故事，直言道："陛下将李瑗的爱妾留在宫中，又如此喜爱她，我还以为您对李瑗的品行作为很赞赏呢。"

李世民恍然大悟："如果不是你说了这件事，我怕是要成为第二个郭氏，为后世所不齿了！"

王珪问："那陛下打算如何安置这位美人呢？"

李世民果断道："马上送她离开皇宫，让她和家人团聚吧。"

说罢，君臣二人相视而笑。

> 一针见血地指出对方的问题，尽管初衷是好的，但直白的语言很容易使对方下不来台。偶尔用委婉的暗示来提醒对方，效果会更好。

严震慷慨引人才

唐肃宗时期，严震担任山南西道节度使。一天，一个穿得破破烂烂的人来到他的府邸前要钱，张嘴就要300吊钱，且举止傲慢。严震得知后，就与儿子严公弼等人商议。

严公弼道："我看这人脑子有病，精神不大正常，父亲何必理会？"

严震闻言怒斥："你这说的是什么话！你有这种想法，将来一定会败坏我家门风！你要劝你的父亲行善，怎么还劝我不要理会呢？况且此人来历不明，但他敢向我讨要 300 吊钱，就足以证明他不是个平常人。"言罢，便命幕僚给了那人整整 300 吊钱。

这件事传开后，三川之地的俊才见他如此求贤若渴，无不投靠，也没有谁提过分的要求。

禄东赞三解难题

唐太宗时期，西藏王松赞干布派遣大臣禄东赞前去大唐请求联姻。于是，禄东赞携带大量黄金、珠宝，率领求婚使团，前往长安请婚。不料，印度、波斯等好多国家也派了使者去求婚。唐太宗李世民十分为难，总不能每个国家都嫁一位公主吧。于是，公平起见，李世民决定让婚使们比拼智慧，谁赢得胜利，公主就许配到谁那里。

第一轮比试，李世民命人牵来 100 匹小马驹、100 匹母马，叫使臣们辨别出哪匹马驹是哪匹母马所生。别的使臣都按照马匹毛色来区分，以为白色马驹就是白色母马所生，黑色马驹就是黑色母马所生，黄色马驹就是黄色母马所生。结果，通通不对。

唯有禄东赞是这样做的：他先将马驹和母马分别关起来，隔了一夜才一匹匹地把母马放到马驹中。马驹见妈妈来了，急忙跑上前吃奶。就这样一匹匹地放，一匹匹地找，没用多久就全部分出来了。

第二轮比试，李世民让人拿来一根两头削得一模一样的檀香木棍，要求使臣辨认出哪头是根，哪头是梢。

使臣们抓耳挠腮，百思不得其解。这时，禄东赞出列，他找来一根绳子拴在木棍中间，然后把木棍扔进池塘里。禄东赞指着木棍，道："这沉下去的一头是根，那浮上来的一头就是梢。"李世民点头，这一次还是禄东赞赢了。

第三轮比试，李世民在使臣们面前放了一块很大的玉石，要他们用线穿过上边的洞眼。洞眼非常小，而且，从这一头到那一头，要经过一条很长的、弯弯绕绕的孔道。使臣们捻起线尝试着去穿，但怎样都穿不过。

禄东赞一时也想不出方法，忽然，他看到有只蚂蚁在地上爬行，灵光乍现。

禄东赞把线拴在蚂蚁的腰上，然后把它放到洞眼上，并朝着洞眼吹气。而在那一头的洞眼上，他放了些蜜糖。那蚂蚁带着线，努力地向着蜜糖的方向前进，线就这样穿过了洞眼。

李世民见三轮比试都是禄东赞胜出，便答应将文成公主嫁往西藏。

> 这个故事出自历史上的"六试婚使"，而禄东赞作为一位杰出的政治家、军事家和外交家，不仅促成了这段传唱千年的汉藏联姻，更为吐蕃王朝立下了不朽的功勋。

申渐高笑雨怕抽税

五代十国时期，百姓饱受战祸之苦，即使能够幸运地过上太平日子，统治者也会横征暴敛，让百姓毫无喘息之机。南唐皇帝李昪正是这样一位君主，他的子民需要缴纳各种巧立名目的税款，苦不堪言。

一年，天下大旱，土地龟裂，庄稼枯黄，河床裸露，深井干涸。百姓们到龙王庙烧香念经，祝祷祈愿。可折腾了好些天，别说下雨了，烈日当空，一片云朵也不见。

一天，李昪正在大摆宴席，和高官贵戚品尝美酒佳肴，欣赏莺歌燕舞，每个人都乐呵呵。这时，远处传来雷鸣轰响，侍从禀报："京郊突降大雨，庄稼有救了!"

李昇大喜过望,但又有些疑惑:"现在京郊已经下起雨了,为何京城却不下雨,难道是监狱中有冤情,违背了天意?"

申渐高闻言笑道:"这雨是怕抽税,不敢踏足京城吧!"

李昇听出了申渐高的言下之意,感到羞愧,于是立刻下令免去了所有不合理的税收。

> 提意见时,对本来能够直说的话稍加修饰,让其变得幽默风趣,能起到一种耐人寻味的效果。

张策辨别伪古鼎

五代十国时期,后梁有一位著名的经学家叫张策,他在少年时就才智过人。

张策家住洛阳敦化,那里的乡亲们在挖水井时挖到了一只古鼎,斑驳的鼎身上铭刻着篆字:"魏黄初元年春二月,匠吉千。"这只古鼎做工考究、大气又精致,左邻右舍都说,这是挖出了稀世的文物啊!大家伙兴奋极了,好像已经看到了天上掉下来的金子。

张策打量了铜鼎一会儿,苦笑道:"乡亲们,不是我扫兴,这只'古鼎'大概是后世伪造的,不是曹魏时期的物件。"

乡亲们闻言不敢置信,其中一个老学究冷笑道:"你小子也就十二三岁,怎么知道几百年前的古物是真是假呢?"

张策的父亲张同闻言,大声责备道:"你谦逊些!"

张策也不恼,只彬彬有礼地对老学究说:"老先生,晚辈斗胆,说一下自己的理由,请您指点。"

老学究不无讽刺地说道:"那就说说你的高见吧。"

张策道："建安二十五年，曹操去世后，年号改为延康。这年十月，汉献帝刘协禅位于曹丕，曹丕建立魏国，改年号为黄初。这就是黄初元年，哪里有什么二月呢？这古鼎上说'黄初元年春二月'，岂不荒谬？"

老学究和张同听完，互相看了一看，不再言语。

乡亲你一言我一语，都道："张同先生，您何不把《三国志》拿出来，对一下？"

张同将《三国志》取来，翻到《魏书》一看，书中记载果然和张策说的一模一样。老学究面色涨得通红，忙夸赞："小策真是博古通今，奇才啊！"

> 历史上出现了许多像张策这样天赋异禀的神童，但张策能够有理有据地分辨铜鼎的真假，则得益于其博览群书、学以致用。

刘崇龟查刀破谜案

唐朝时，刘崇龟在南海郡任职，上任不久就遇到了一桩古怪的案子。

富商之子慕容文俊，相貌堂堂。一天，他乘船在珠江上游玩，到了临近傍晚的时候，他感到疲惫，决定上岸休息一下。

船只就近靠岸，慕容文俊上岸后，只见岸边有座高大宏伟的门楼，惊叹不已。忽然，他看到门楼里站着一位美丽的女子。慕容文俊的目光停在女子身上时，这女子落落大方，毫不躲闪。慕容文俊心想：与她结为知己应该会很快乐吧。于是他对这女子说："姑娘，天黑后，我能来给你解解闷吗？"那女子笑着点头。

慕容文俊见她答应，就先行离开，找到一间小酒馆休息去了。黄昏时分，陈家二小姐玉姿，也就是与慕容文俊有约的那个女子打开家门，等待心上人到来。

黄昏过去，夜幕降下。陈玉姿在房间里不安地踱步，她心中乱成一团，不知道那个人会不会来赴约。

忽然，轻微的脚步声传进陈玉姿的耳中——他终于来了！陈玉姿朝着那身影走去，却突然感到剧痛，惨叫一声后倒在了血泊之中。

不一会儿，慕容文俊来到院中。天色昏黑，他一脚踩在血泊中，滑倒在地，碰到了还温热的尸体。慕容文俊被吓得够呛，他拔腿就跑，登上船后催促船家赶紧开船，连夜逃走。

第二天天一亮，陈家大少起来练拳，发现院子里有一串红色的鞋印。走近细看，竟是血迹！他赶忙叫醒所有人，大家伙沿着脚印来到了二小姐的房间，只见陈玉姿躺在地上，地上全是她的血，僵硬的尸体上还插着一把刀。

陈家人一边报官，一边顺着血鞋印寻找凶手的去向。他们发现鞋印到岸边就消失不见，便向岸边的人家询问，有人说："夜里慕容公子的船开走了。"陈家人问："你从何处得知那人姓慕容？"那人便说了昨天下午慕容文俊问他哪里有酒馆，还赏给他一吊钱的事情。

陈家人将情况告诉刘崇龟，刘崇龟下令缉拿慕容文俊。经过几天几夜的搜捕，慕容文俊终于被捉获。

慕容文俊承认那晚他是去过陈家，但他到陈家的时候陈小姐已经死了。刘崇龟将信将疑，如果不是慕容文俊，那又是谁杀了陈玉姿呢？慕容文俊与陈玉姿的死真的没有关系吗？会不会是慕容文俊与陈玉姿在交往时发生了矛盾，慕容文俊就杀人了呢？报复、灭口，都有可能啊。

刘崇龟决定给慕容文俊用刑，希望以此迫使慕容文俊说出真相。但不管如何严刑拷打，慕容文俊始终不肯承认是自己杀死了陈玉姿。

刘崇龟觉得案子到这里仿佛成了一桩悬案，再无头绪了。突然，刘崇龟想到杀人凶器还留在死者身上，那是一把屠宰牛羊的刀子。

刘崇龟思考了一夜，终于想到一个主意。他命人在城墙上张贴告示：

明日下午，境内所有屠户必须到场参加宰杀牛羊的比赛。

到了第二日下午，屠户们都陆续赶到，但有的屠户来得太迟，等人全部到齐，已近黄昏。于是刘崇龟只说："今天时候不早了，你们先把刀留下，明日再来比赛吧。"屠户们就把刀留下，四散离去了。刘崇龟等人离开后，用凶器换下其中一把刀。

次日，屠户们来参加比赛，各自取走自己的刀，展示着杀牛宰羊的拿手绝活。这时，有一个屠户告诉刘崇龟他的刀找不到了，刘崇龟指着唯一剩下的那把刀，问："这是你的吗？"

屠户看了看那把刀，说："这不是我的，是胡艳的。奇怪，胡艳的刀怎么会在这儿呢？他不是前些天就去外地了吗？怎么还来比赛了？"

刘崇龟把刀还给屠户后，立刻下令抓捕胡艳。

衙差来到胡艳家，却得知胡艳已经好几天没回家了。衙差将情况告诉刘崇龟，刘崇龟此时已初步判定胡艳就是凶手了。但现在胡艳不知所终，如何才能将他捉住？他又为什么要杀害陈玉姿呢？

刘崇龟在监牢里找了个与慕容文俊身形相似的死刑犯，并下令黄昏时给死刑犯行刑。接着，刘崇龟再次派人贴出告示，宣布要在黄昏时分的街市上处死杀害陈玉姿的凶手慕容文俊。

就这样，"慕容文俊"被押到街市，刽子手手起刀落，"慕容文俊"人头落地。

潜逃在外的胡艳得知陈家的案子结了，杀人犯已经被处死后，就兴奋地连夜赶回家。

两天之后，胡艳终于赶到家。他刚躺上床，就被闻讯赶来的衙差捉回衙门。证据确凿，胡艳承认了他杀害陈玉姿的事实。按照胡艳的说法，事情是这样的：当天晚上，胡艳赌博输光了钱财，就打上了陈家的主意。但当他推门时，陈家的人发现了他，还要来捉他。他一时慌张，就用刀刺向那人，然后逃走了。因为太过慌张，他甚至连刀都忘了带走。

刘崇龟查清案件，判胡艳死罪。

> 那些我们看到的、听到的，也许都是别人故意制造出来的假象。所以，在做判断前，一定要经过全面深入的调查和思考，不能被表象迷惑。

王之涣审问恶狗

王之涣在文安县任职时，曾接到一起报案。一户人家，当家人长期在外地做生意，只剩姑嫂二人在家，相互扶持。嫂子体贴能干，小姑子温柔貌美，日子过得平静安宁。但一天夜里，小姑子惨死房中，嫂子发现后，立刻去了县衙报案。

王之涣询问这位嫂子："你是如何发现死者的？"

嫂子回答："那晚，我正在磨房里推磨，忽然听到小姑的惨叫声，便赶忙往卧室那边跑去。然后我在院内看见一个人影，当时天黑，没有看清他的相貌。只是当时那人赤裸着上身，我上前去抓他，但敌不过他身强力壮，脊梁光滑不好抓，让他给逃了。"

王之涣问："家中只有你们两个年轻女子居住，难道平时没有什么防范措施吗？"

嫂子答道："我家养了只黄狗看门，但不知为何，那天晚上没有听见狗叫。"

王之涣闻言勃然大怒："那狗不知为主人效力，着实可恶！"

第二日正好有庙会，王之涣宣布他要在庙会上当众审问这只恶狗。

县官要审问一只狗，这可是件新鲜事。赶庙会的乡亲们听说后，都来看王之涣审狗。看热闹的人越来越多，整个庙宇都站满了人。这个时候，王之涣吩咐差役关上庙门，把孩子、老人、妇人分批次地赶出去，只留下百来个青壮年男子，这些人左顾右盼，不知王之涣葫芦里卖的什么药。

只听王之涣喝道："全都给我脱掉衣服，面朝墙站好！"这些男子不敢抗命，只好照做。王之涣挨个检查男子的脊梁，发现其中一名男子脊梁上有两道红印，问道："你叫什么？""小人名叫阿狗。""你与死者是否相识？""不……"阿狗吞吞吐吐，但又不得不说实话，"我和她是邻居，自然是认识的。"

王之涣闻言立刻下令："来人，将阿狗拿下，其余人都自行离去吧！"经过审讯，阿狗承认是他奸杀了那名死者。

赶庙会的人数不胜数，有人疑惑王之涣是怎么想到用这个方法来抓人的，王之涣解释道："这是一起强奸杀人案，那凶手就必定是青壮年男性。那晚黄狗不叫，说明是熟人作案，再加上凶手曾被死者嫂嫂遇见，脊梁被抓伤，所以逐步排除掉不可能的人，剩下的这个阿狗就必定是凶手。"至于说要审问黄狗，则是为了博人眼球，让大家都赶来庙会，麻痹、诱导凶手而已。

> 能够在一团乱麻中提取重要的细节，也许就能找到解决问题的关键。

令狐楚稳米价计

唐朝时，某年刚刚发生过一场旱灾，兖州一带农田颗粒无收，百姓无以为生、怨声载道。奸商哄抬米价，趁火打劫，新上任的兖州太守令狐楚对此十分不满。

迎接他上任的代表们前来拜见，令狐楚一边心不在焉地虚与委蛇，一边大脑飞速运转，思考对策。兖州城内迎接他的官员非常多，他们轮流跟这位新上任的太守寒暄。

突然，刚刚还一脸笑眯眯的令狐楚郑重发问："兖州城内，如今米价几何？州中有几个仓库？每个仓里现存多少粮食？"

众官员不知新太守这么问有何用意，便互相使眼色，谁也不吭声。最后一个官员大着胆子答道："回禀大人，现有大粮仓八个，每个仓存粮十万担。"

令狐楚看了一眼答话的官员，道："我说，诸位，不如把这八个仓库都打开，米都以低价卖给灾民。如此不就可以缓和灾情了？"许多官员听了也不敢说话，都只是机械地点头称是。

随后，令狐楚这席话就像一阵大风，把奸商们吹得人仰马翻。囤粮的富商大户们慌了起来："太守这么做，我们的存粮可就卖不出去了，这不是要亏大发了吗？"奸商们不想血本无归，只好争先恐后地把仓库里的粮食拿出来平价出售。就这样，兖州的米价平稳下来，能让当地百姓买得起了。

> 《史记》中说："天下熙熙，皆为利来；天下攘攘，皆为利往。"但如果人把自身的利益当作最重要的东西，那么只要从利益着手，就相当于捉住对方的命脉了。

裴均查明杀狗案

唐宪宗元和年间，裴均出任山南东道节度使，坐镇襄州。某日，有人向裴均报案，说他晨起开门，发现看门的黄狗不见了。正在他四处寻找时，却闻到了从邻居张二家里飘出来的狗肉香。他敲门进去，就看见了黄狗皮，锅里狗肉炖得正香。张二慌张之下，就承认昨夜偷杀了他家的狗。

当时律法严苛，家狗能看家护院，自然也受到保护。如果偷杀别人家的狗，那么按照律法就要从严治罪。裴均立刻派人传张二上堂，张二吓得全身哆嗦，认下了杀狗之罪。裴均问道："你杀狗是为了什么？就为了一时的口腹之欲吗？"

张二叹道："不是这样的，是我老婆生病，口中没有滋味，就想吃狗肉。"

裴均不解："就算想吃狗肉，也不能去捕杀别人家的狗，你难道不知道这么做犯法吗？"

张二答道："大老爷您是不知道啊，我老婆厉害，小人不敢不听她的话。"

原来，张二虽然老实憨厚，但妻子却俊俏而泼辣，平日在家里说一不二，张二对她言听计从，不敢慢待。几天前，张二外出做工，回来就见老婆病快快地躺在床上。他赶紧烧上几个好菜，请老婆享用。但老婆对着这些菜提不起胃口，说："大夫刚刚来看过了，说只要吃些狗肉，我的病就能不药而愈了。"

张二家里没养狗，去杀别人家的狗又怕触犯律法，一时间也不知该怎么办。

老婆见此，怒骂道："世上怎么会有你这种丈夫？老婆病得快死了，现成的药就摆在面前，你却不肯给我找来。你是不是巴不得我早点死啊？"

张二一听这话，心里又着急又害怕，可他要从哪里找来狗肉啊？

老婆提示他："东边那家的狗经常过来，你偷偷把它宰了，没人会知道。"张二只好听老婆吩咐，连夜把狗引来杀了。

裴均听过张二的供词，心中有了几分猜测。他又传来张二老婆问话，大声喝问："你这个刁妇，竟敢与人通奸，引诱丈夫触犯律法，你以为这样就可以和奸夫在一起了吗？快快从实招来！"

张二老婆被喝得一愣，她虽精明厉害，可到底心虚。她见堂上大人这样言之凿凿，似乎是掌握了罪证一般，顿时支支吾吾，难以自圆其说。见她这副作态，裴均更坚定了自己的猜想。经过反复审问，张二老婆终于承认她确实与人通奸，想要除掉丈夫，所以设了局引诱张二去触犯律法。没想到，竟让裴均一眼识破了。

真相大白，张二老婆和奸夫都受到了惩罚。

想要探查到事件真相，"使诈"有时是一种很好用的方法。

吕元膺掀棺捉匪

唐朝时，一天，官员吕元膺看天气不错，就出门游玩。他带着侍从行至江边，看见有辆灵车停在一旁，送葬的人在休息。

吕元膺等人游玩了大半天，发现送葬的队伍还在原地没有出发。吕元膺觉得有点不对劲，他仔细观察这群人，发现送葬队伍中除了车夫还有孝子等十来个男人，但没有女眷和孩子随行。

吕元膺对侍从道："自古以来，出殡的规矩都是远葬才能停下休息，近葬从不会落下棺材。再说，哪有送葬只有成年男子，没有妇孺的。这实在说不通。"

吕元膺越看越觉得可疑，他想："他们这葬礼规格也很不妥，若是远葬，这排场就大了些。但若是近葬，那就过于简单了。"

吕元膺一行人往送葬队伍走去，送葬人露出了紧张的神色。吕元膺将这细微的反应看在眼里，他自然地上前搭讪："过江啊？"孝子们点头只说："是。"

吕元膺又问："这棺中是？"孝子们回答："乃是小人们的父亲。"

吕元膺故作同情道："唉，也是辛苦你们了，这么热的天还要远行葬父，真是孝子啊！你们五个都是亲兄弟？"孝子们只说："是。"

吕元膺见他们神情僵硬，不肯多说一个字，便道："船来了，你们快先上去吧。"

孝子们互相交换眼色，犹犹豫豫也不动作，其中一个稍年长的孝子答道："大人您先行，小人们戴孝之身，不敢与您同船，还请大人先过江。"

吕元膺闻言笑道："此言差矣。孝字为大，你们兄弟就别客气了，还是送葬要紧，上船去吧。"

孝子们拗不过吕元膺，只得抬上棺材，跟跟跄跄地朝渡船走去。吕元膺又看出了不对劲，一副棺材并没有多重，可几个壮汉抬着却这般吃力。这里面到底装了什么东西？想到这里，他当机立断，命令侍从去帮忙放跳板，等孝子们踏上跳板后，再悄悄移一下。众孝子在跳板上站立不稳，棺材翻到江边，棺材盖板被掀开一角。

众人一看，发现棺内并无尸体，而是满满一棺材的兵器。吕无膺大喝："快拿下！"

一行人被捉住，经审讯得知，他们本是强盗，打算过江抢劫货物，装成孝子送葬，是不想引起船夫和和过往行人的怀疑，把棺材放在路边休息，则是想等到天黑方便作案。

吕元膺还有疑问："你们只有十五个人，但武器却准备了三十二把。长柄武器，一人只能用一把。你们肯定还有同伙，快把他们的藏匿地点如实招来，争取从轻处罚。"

强盗们一听，就将另外藏在江边的十七名同伙全都供了出来。吕元膺即刻派出兵丁将剩下的强盗一网打尽。

> 事出异常必有妖。吕元膺敏锐地发现了事情的反常之处，他严格按逻辑推理，大胆地求证，最终防患于未然。

张允济蒙面讨牛

隋大业年间，张允济在武阳县担任县令。有个农夫前来报官，张口喊道："大人啊，请您帮帮我，帮我讨回我的耕牛啊！"

原来，这个农夫在岳父家借住了数年，去时带着一头母牛，帮岳父家耕田。不料，母牛生产下几头小牛犊，引来岳父家垂涎。等到要分开过的时候，岳父家竟然硬扣了他的母牛和牛犊，还问他："你空口白牙，怎么证明这牛是你的？"农夫没了办法，只能求县令做主。

张允济了解事情原委后，就有了决断。他让差役把农夫绑起来，用黑布把他的头脸遮住，吩咐道："你不要说话，也不要动，只管听我安排，本官有办法把牛全还给你。"

接着，张允济带着农夫和差役，直接朝着那农夫的岳父家奔去。

到了岳父家，张允济张口就是："本官刚抓获一个偷牛贼，把你家的牛全赶出来，现在得核查它们的来历。"

那岳父看着脸被蒙上的偷牛贼，生怕被牵连进偷牛案里，连忙解释："这些牛都是我们自家养的，绝不可能是偷的！"

张允济问："你有证据吗？"

岳父赶紧解释："这母牛是我女婿带到我家来的，牛犊是母牛在我家生下来的。"

张允济闻言吩咐差役："把偷牛贼头上的布取下来！"取下黑布，农夫的脸展露在众人面前。

岳父一看，大惊，刚想说话，就听张允济道："既然你承认这些牛是你女婿的，那就尽数奉还吧！"岳父羞愧异常，只好让家人把牛赶出圈，还给女婿。

> 趋利避害就是趋向对自己有利的一面，而避开对自己有害的一面。趋利避害是人之本性，张允济正是利用这一点让农夫的岳父不打自招。

李杰疑寡妇告儿

唐朝时，李杰担任河南尹，曾遇到过一桩母亲告儿子的案子。这一日，李杰正在与僚属商议政事，忽然听到有人喊冤告状，就命下属传人入内。

只见一个貌美的中年妇人走入公堂，她跪地哭泣道："大人，我是个寡妇，只盼着儿子尽孝道。可没想到，他成人后竟然虐待我，我实在是活不下去了！"然后列举了很多事情来说明儿子是如何待她不好的。

李杰有些困惑，母告子乃是世间少有，身为人母，不到万不得已是绝不会这样做的。李杰问道："你守寡本就凄惨，现今只有这一个儿子，倘若事实真如你所说，你儿子死罪难逃，将来你老无所依，不会后悔吗？"

妇人道："不孝之子，不值得心疼。我只恨不能让他立刻去死！"

李杰见她对儿子恨之入骨，便道："你的状子本官接下，你先回去等消息吧。"

妇人离去后，李杰便派人去暗中调查妇人的儿子，得到的结果却和那妇人所说的天差地别。她儿子不光斯文知礼，对待母亲更是孝顺。

李杰将妇人传来，告诉她："本官已经查实你儿子的确不孝，他实在该死，本官要判他死罪。"

妇人面露惊喜之色，连连叩头道谢。

李杰当场就派出衙役将妇人的儿子捉拿归案，对妇人道："你快去买棺材来收殓尸体。"

妇人应答离去，李杰派人暗中跟踪。只见妇人行至荒僻处，对一个道士笑道："事情成了，已经结束了。"一会儿工夫过去，妇人带了一口棺材返回县衙。

李杰原本还希望这妇人有悔改之意，不想她竟然铁了心要害死儿子。李杰只好招呼手下冲出大门，将等候在外的道士擒获。经过审问，道士认罪，道："我与这妇人早有来往，可他儿子成人后却处处监视她，不准她再和我交往，所以才想设计除掉他。"

李杰怒道："这是你们俩谁的主意？"

道士沉默不言，妇人则哭道："大人，是他指使我的。"于是，李杰下令处死了道士，把他的尸体装进了那口棺材中。

"欲擒故纵"出自《三十六计》，意思是先假意放过对方，使其放松警惕，充分暴露，然后再将其抓获。

曹绍夔捉"鬼"治病

唐朝时，洛阳的一座寺庙中，一个老和尚房间内的铜磬常常不经敲击就自己发出低沉的响声。

夜半时分，寺内钟声响起，铜磬也跟着幽幽作响，似鬼神低泣。老和尚心中惊悸，以为是鬼怪作祟。久而久之，老和尚被吓得卧病在床。若是鬼怪作祟，和尚们担心招灾上身，也不敢搬走铜磬。

曹绍夔是老和尚的朋友，他前来探望。老和尚谈起铜磬作怪，曹绍夔有些好奇，他仔细检查铜磬，只见它平平无奇，和别的铜磬也没什么不同。

这时，寺庙开饭，饭堂的钟声响起，铜磬也跟着发出声音，老和尚顿时惶惶不安。不一会儿，钟声停止，铜磬的声音也跟着停止了。曹绍夔看老和尚被吓得够呛，只觉好笑。他咳了咳，对老和尚故作神秘地说："明日，你请我喝酒，我帮你捉鬼。"

老和尚不信，他摇头道："你要是能捉鬼，别说明日一顿酒，就是日日来我也请你！"曹绍夔闻言笑道："捉个鬼，举手之劳，你真是太客气了。"

第二日，老和尚准备好了酒，曹绍夔一点也不客气，把一桌子酒菜吃了个干干净净。酒足饭饱，曹绍夔从袖中拿出一把锉刀，特意晃了晃给老和尚看，然后刺拉、刺拉几声在光滑的铜磬上锉出几道口子。老和尚不明所以，问道："你这是……"

曹绍夔解释道："哪有什么鬼怪？不过是铜磬和钟的频率相同，钟一响，它也就跟着响了。现在挫上几下，二者的频率就不同了，铜磬就不能自己发出声音了。"

老和尚这时才恍然大悟，他拍着光亮的脑袋说："原来如此！我说为什么每次钟一响，铜磬也跟着响，原来这就是鬼怪。"这时，钟声再次响起，铜磬果然安静无声，老和尚的病也不药而愈了。

> 对不了解的事物不能盲目地归咎于鬼神，只要以科学的精神去探索其中奥妙，明白了其中的原理，就会发现没有什么大不了。

李德裕惊人之语

唐朝名臣李吉甫的小儿子名叫李德裕，他小时候长相俊朗，十分机灵讨喜，人见人爱。李德裕名声传到皇宫中，被皇帝召见。皇帝一见李德裕也很喜爱，忍不住把他抱在膝上说笑。

儿子优秀，李吉甫当然乐得不行。与同僚闲谈的时候，也不禁带着几分得意，时不时就炫耀几句自家儿子。宰相武元衡见此，就让人把李德裕抱到跟前。

"小裕，"武元衡弯腰，笑眯眯地问站在地上的李德裕，"你在家都读些什么书呀？"李德裕睁着一双乌溜溜的大眼睛，望着武元衡一个字也没说。

"小裕，我问你，"武元衡以为孩子没有反应过来，提高声音又问一遍，"你平日里喜欢看什么书啊？"

李德裕干脆闭上双眼，抿着嘴一声不吭。武元衡连续问了三次，李德裕就是不张嘴。武元衡心中恼怒，派人把他送回了家。

次日，武元衡见到李吉甫，嘲笑道："你老说你儿子如何如何好，别人也夸他是神童。不过依我看啊，他就是个呆呆傻傻的小孩子！"然后，武元衡就把昨日的事全部告诉了李吉甫。

李吉甫听完非常羞恼，一回家就把李德裕叫到跟前训斥："你平时那么聪明伶俐，惹人喜爱，昨天为什么没有回答武大人的问题？岂不是呆傻无礼？！"

李德裕非但不怕，还笑嘻嘻地说："武大人还好意思笑话我，我还没嘲笑他呢！他身为一国宰相，皇上最重要的助手，不先问问我治国安邦的大事，竟问我读什么书！读书，那是礼部和学府该问的。武大人问我读什么书，我觉得他不知轻重，看不出身为宰相的胸襟和见识。我得表达我的不满，所以拒绝回答问题！"

李吉甫闻言由怒转喜，着急忙慌地赶往相府，将李德裕的话转述给武元衡。

武元衡听完有点惭愧，把这话翻来覆去地想了想，道："小裕语出惊人，真是个神童啊！将来一定有大出息！"后来，李德裕果然成为一代名臣。

> 李德裕小小年纪就明白"各司其职"的道理，还能鲜明地表达自己的态度，这样的见识、心智真是世间少有。

李德裕智断疑案

李德裕出任浙西道观察使时，曾接到一起报案。甘露寺的主事僧控告上一任主事僧，说他在交接寺庙的财产时私吞了若干金子。李德裕找来前几任的主事僧询问，他们都说金子是上一任交接给下一任，记录簿还保存着。刚卸任的主事僧承认自己犯下盗取之罪，却交代不出金子的去向。

李德裕怀疑上一任主事僧认罪另有隐情，再次询问，僧人这才诉说了自己的冤屈："寺里的和尚都想要掌管庙务，这么多年，他们交给我写的有黄金若干两的文书，不过是一纸空文，根本就没有金子。他们看我孤僻，不和他们交往，就想借此来害我。"

李德裕道："要查清真相不难。"于是他派出数乘轿子，把有牵连的和尚都抬来对证。李德裕让和尚们一人一轿坐于其中，轿门一律对着墙，使他们看不见彼此。李德裕给他们每人发了一块黄泥，叫他们捏出交接的金子是什么形状，留作证据。结果，他们捏出来的形状五花八门，各不相同。李德裕审问他们是否诬陷前任主事僧，和尚们纷纷认罪。

> 李德裕看问题切中要害，不需审讯就能破案。

张承业管钱为国家

有一次，后唐庄宗想要赏赐后宫伶人，就派人去府库支取钱财。张承业掌管府库，不肯拿钱。庄宗要不出来钱，就在酒库中饮酒，喝醉了，命儿子李继岌跳舞给张承业看。一支舞跳完，张承业送给李继岌马匹和点缀着宝石的衣带，道："君为我歌舞，承业便用自己的俸禄回报。"庄宗对张承业说："他最缺的是钱，你要送就送钱，给他宝带和马匹有什么用？"

张承业赶紧谢罪道："府库的钱是国家的钱，不是微臣的，怎能拿来送人？"

庄宗见还是要不到钱，说出口的话越来越不好听。张承业愤怒地回答："微臣不过是个老宦官，不用为子孙后代考虑。只是先王再三叮嘱，一定要为国雪耻。微臣吝惜钱财只是想要辅佐您成就霸业。如果您想要钱，何必还来问臣要？难道钱产挥霍一空，没有钱养兵马，只损害微臣的利益吗？"说完，就拉着庄宗的衣服泪流不止，庄宗只好就此作罢。

> 为官要公私分明，意志、勇气和情商缺一不可。张承业面对皇帝的胡搅蛮缠，仍坚持己见，动之以情，晓之以理。

孔循刀下留穷人

五代时期，孔循曾在夷门代理军府事务。当时，长垣县百姓家中屡遭偷窃。经过调查，乃是该县四名大盗所为。州衙下令，限期将四名盗贼捉拿归案。

四名盗贼听到消息，早早逃走。但时间一长，盗贼们觉得躲躲藏藏不是长久之计。他们认定财通鬼神，便趁着深夜潜入县衙各官吏家中，分别重金贿赂，请求他们帮忙脱罪。这个方法果真有效，这些官吏见钱眼开，痛快地答应了下来。

这个案件州衙催促得很急，限期一到，长垣县衙就报告称四名盗贼已被擒获。案卷中列明罪状，属于十恶不赦之列，理应将四人判处死刑，斩首示众。州府见罪名证据清晰明了，便批准死刑，派遣孔循前去监斩。

孔循理案一向严谨，每次监斩前都要向囚犯问话，以免出错。这次也一样，他看过案卷，虽然觉得没有问题，但还是审问了四名囚犯。孔循提了不少问题，四个囚犯却只是低头，一声不吭。

孔循见状道："你们犯下的罪，已是恶极。本官多次询问你们都不说话，那就是默认了。现在有话就说，否则过时不候。马上就是午时三刻，到时候人头落地，后悔也来不及了。"

四个囚犯急得直跺脚，却仍低着头不言语。时间到了，孔循一摆手，下令将囚犯推出处决。但就在四个囚犯被推到门口时，他们却纷纷瘫倒在地上，回头望着孔循，一副有话说的样子。

孔循见状，只觉奇怪，将他们重新召回审问。

这时，四个囚犯才开口道："我们冤枉啊，刚刚是狱卒用枷尾压住我们的咽喉，我们才有口难言。"孔循看他们有所顾虑，就令左右随从退下。

四个囚犯见状，立刻跪下喊"救命"，将自己的冤屈一一告知孔循。原来，这四人根本不是那四个大盗，只是四个穷苦百姓。那日他们在街上被莫名其妙地抓捕回县衙，被打得几乎半死，县衙里的大人们逼他们承认自己是盗贼，他们受不了严刑拷打只能招供。

孔循闻言，立刻下令将此案移交州衙。很快州衙查出了结果，四名百姓果然是被冤枉的。至于为什么会制造这起冤案，则是因为长垣县衙中有多名官吏收受了盗贼的贿赂。最后，这些官吏与那四名盗贼都被依法惩处。

> 富有智慧的人，总会谨慎地对待一切，力求尽善尽美，这是对自己的要求，也是人生的智慧。

州官扮鬼问血案

五代时，苏州有一名商人叫作李喜子，其妻子早逝，留下幼子春秋。李喜子因常年在外地经商，无法照料春秋，便娶刘氏为妻。刘氏心肠狠毒，对春秋多番虐待。几年后，刘氏生下亲子，更是恨不得家里没有春秋这个人。多年过去，春秋长大成人。李喜子因常年奔波，染上重病后便奄奄一息。

刘氏对春秋说："你爹病成这样，万一有个好歹，咱家就没法过了！"她流着泪继续说："快去城里买点好药，给你爹好好治一治。"

春秋看继母还有点良心，就跑了几十里地去城里买了好药。回家后，春秋见继母一反常态，对他很友好，就高兴地说："娘，我去给爹熬药，您歇着。"

刘氏点头，笑道："秋儿，这回真是辛苦你了。"

到了晚上，刘氏将熬好的药喂给李喜子。不料还没过一时三刻，李喜子就捂着肚子翻滚哀号，最后七孔流血而死。

刘氏见状号啕大哭，她一把揪住春秋，说是春秋毒死了自己的父亲。

刘氏硬把春秋拽去衙门报案，春秋说不清是怎么一回事，只能跪在堂上大声喊冤。

州官听了刘氏的哭诉，对春秋道："药是你买的，熬也是你熬的，除了你还有谁能害死你爹？来人，将李春秋押入大牢！"然后，州官就对刘氏说："你先回家等消息，本官决不会姑息杀人犯的。"

刘氏离去后，州官越想越觉得蹊跷，这李春秋自幼丧母，只剩父亲爱护他，他有什么理由害死父亲呢？于是，州官把春秋带到后堂仔细询问。

几天后的一个夜里，刘氏离开娘家回家，路上正好经过李喜子的墓地，不禁感到凉飕飕的。突然，坟后一个披发鬼跳出来，刘氏吓得瑟瑟发抖，险些一头晕过去。

披发鬼说："孩子他娘别怕，是我，喜子。我去阎王那里报到，阎王不肯收我。阎王说我连死因都不知道，没法登记上簿子，就让我回来问问。孩子他娘，你我夫妻一场，你总不能看着我死不瞑目吧。再说，那时候我眼看就要病死了，就算你有什么过错，我也不会怪你。"

刘氏闻言心想，既如此，还是让他做个明白鬼吧，然后牙齿打颤地说："你吃了砒霜死的。"

披发鬼问："谁买的砒霜？是你吗？"

"不，是从前院二拐子家……"刘氏将自己下毒害人的经过给披发鬼详细地说了一遍。

"原来如此，那我就去给阎王爷回话了。"话音刚落，鬼就没了踪影。

两天后，刘氏被传唤到衙门，州官问她："前两天，你是不是撞到鬼了？"

"确有此事，大人是如何知道的？"刘氏纳闷。

州官笑道："因为那是我派手下假扮的。"

刘氏闻言瘫倒在地，不停磕头辩驳道："大人饶命啊！我是担心丈夫死后春秋会和我儿子平分家产，才毒死老头子，嫁祸给他。"

真相大白，州官将春秋无罪释放，依法惩处了刘氏。

> 　　州官假借鬼神，打破刘氏的心理防线，诱导她说出真相，但案件依旧缺少证据。于是，州官直接喝问刘氏，使其在惊慌之下亲口认罪。州官不仅明察善断，且思维缜密。

慕容彦当铺破案

　　五代时期，慕容彦在后汉郓州地区担任主帅。慕容彦聪敏异常，因善于抓捕盗贼，素有威名。

　　当地有一家很大的当铺，因信誉良好，生意非常红火。一个炎热的晌午，路上没有几个行人。店铺里的伙计昏昏欲睡，忽然听到一阵脚步声。伙计抬眼一看，只见一个穿着华丽的年轻人走进店铺。年轻人拿出两锭大银子，说自己想要兑点零钱急用，几日后就来赎回。伙计一见是这么大的银子，赶紧去请示老板。老板听过年轻人的说辞，就让伙计称好银子，开出当票，兑换了十万钱给年轻人。

　　等年轻人离开后，老板兴奋地向妻子炫耀，说今天做了一笔大生意。老板娘很好奇，就去店里取出银锭观看。不料，手一滑，一锭银子掉到地上，老板娘捡起一看，发现银子表面被磕掉一层，露出了黑漆漆的内里。这根本就不是银子！老板捂着心口，赶紧跑去报官。

　　慕容彦得知此事后，告诉老板先不要把这件事告诉其他人，然后派人在郓城张贴了一张告示，说这家当铺有大量抵押品被盗，如果发现周围有形迹可疑的人，要立刻上报官府。

　　没过几日，锦衣华服的年轻人又出现了，他拿出当票，表示是来赎银子的。当铺的伙计立刻招呼人抓住了他。原来，这个年轻人常年在各地流窜作案，从没有失败过。这次他把钱骗到手，看到告示，心想又可以敲上一笔，没料到却是自投罗网。

以饵诱敌即先让对方看到有利可图，趁着对方疏忽大意、放松防备时，就能将其一举擒获。

王铎运米

唐朝时，王铎担任长安副行政长官，李蟠担任审计总长。

当时，农业税是国家财政的重要来源，而交农业税的主要方式就是交公粮。每当到了交公粮的时候，全国各地的粮食都会运往京城。但从地方运粮就得考虑成本问题，每次从长江、淮河一带运粮到京城，水陆运费折合下来，每斗高达七百钱，而京城米价每斗只要四十钱。这要是私人做生意，会血本无归。

于是，李蟠提议："江淮一带就不要运米了，只要在当地把米卖掉，然后每斗缴纳给朝廷七百钱就行了。"众大臣一算，七百钱，朝廷买完一斗米还能剩下六百六十钱呢！怎么早没想到呢！

王铎对这个建议非常反对："账哪是这么算的！如果不让江淮运粮，改从京城买粮，京城不就没粮食供应了？到时候粮价暴涨，每斗四十钱的米百姓可就买不到了。同样，江淮一带粮食就地变卖，当地粮多钱少，多出这么多的粮食该怎么办呢？还有，若要保证京城粮食储备充足，就得从地方运送大量粮食，粮食装卸、搬运还可以惠及沿途做苦力谋生的百姓。你不运粮了，这些百姓要如何谋生呢？"

但此时的王铎人微言轻，朝廷上下被李蟠描述出的巨额利润冲昏了头脑，哪里还顾得了百姓如何，竟无人阻止这种决策。

于是，此消息一出，没过几天京城就出现了粮荒，米价涨得奇高，京城百姓怨声载道。政策推行不到十天，李蟠这审计总长就当不下去了，他只能主动请辞。

经过这件事，王铎以"经世之志，素以安邦为己任"受到皇帝重用，官至宰相。

> "见小利则大事不成。"目光短浅的人往往只能看到眼前的那一点蝇头小利，而目光长远的人通常都会有全局观，注重长远发展，也更容易有所建树。

萧瑀压下唐高祖政令

萧瑀曾经担任过唐高祖李渊的内史令，也就是负责秘书工作的官员。当时，主管秘书工作的中书省和门下省，都由内史令统管。

武德三年（620年），李渊草拟了一份政令，交由萧瑀办理。萧瑀阅览过后，发现其中有几个地方不大妥当，就将其暂且压下，没有发布出去。按照当时的规定："在执行皇帝命令的过程中，如果发现有问题，臣僚可以向上禀报，并多加改正。"也就是说，萧瑀的做法是符合国家规定的。但李渊听说这件事后，心里很不快，就召见萧瑀，问他为何不及时发布政令。

萧瑀不慌不忙，慷慨陈词，他向李渊陈述隋朝时"内史宣敕，前后相乖"以致"百司行之，不知何所承用"的事实，以此来告诉李渊政令不多加审核的危害。接着，萧瑀又表了表自己的功劳，说每当皇帝下达诏书后，他都会仔细查阅，确保它和前面的诏令不冲突，然后才敢发布出去。之所以发得又慢又迟，就是因为他恪尽职守。

李渊听完这一番话，也只好表示："你这样用心，我还有什么好忧愁的呢？"

> 在古代，萧瑀能关注到政令的连续性，在不违反规定的前提下，不使前后政令出现冲突，这样的觉悟在现在也不可多得。

薛季昶劝功臣永除后患

神龙元年（705 年），薛季昶参与了由大臣张柬之、桓彦范等五人发动的宫廷政变，诛杀了武则天宠爱的张易之、张昌宗兄弟二人。

张柬之等人虽然杀了二张，逼迫武则天还位于李唐，却没有铲除武氏诸人。薛季昶觉得这样不行，他道："二凶虽然被诛杀，但如吕产、吕禄一般的人物还活着，斩草不除根，恐怕他们还会卷土重来。"也就是建议张柬之等人将武氏诸人杀尽。但张柬之等人不以为意，只说："这些人就留给陛下处理吧！就当是给陛下的人情。"

薛季昶闻言，只道："我们以后恐怕不会有好结果了。"

果然，唐中宗复辟后，仍然任用武三思，纵容他把持朝政。薛季昶被贬到儋州。被贬官之前，他就与昭州（今广西平乐县）首领周庆立和广州司马光楚客有旧怨。在接到贬黜儋州的诏书后，薛季昶觉得儋州临近昭州，担心被周庆立寻仇杀害。他想奏请调往广州，又十分讨厌光楚客。就在他纠结的时候，张柬之五人丧命的消息传来，这一刻他意识到自己也难逃一死。于是，薛季昶从容地为自己置办好棺椁，沐浴更衣，服毒自尽。

> 斩草除根，即除草时要把草根一起除掉，这样草才不会再次生长。用来比喻去除祸根，以免留下后患。斩草不除根，就要做好被反噬的心理准备。

刘晏造船有远见

唐朝时，刘晏掌管漕运事宜，造船是他工作的重点。作为漕运和造船事业的总负责人，刘晏定下的造船预算高达千缗。懂行的人一看就知道这个价格太高了，有人提醒刘晏不要被骗，告诉他造一艘漕船的实际费用连他预算的一半都用不上。

刘晏对此心知肚明，他答道："不是这样的，完成百年大计就不能吝惜小的费用，做任何事都要从长远考虑。现在刚开始建设造船厂，做事的人这么多，应该先保证他们的个人生活不会困窘，那么造出来的船自然就坚固了。如果现在就只知道和人家锱铢必较、算计成本，怎么可能把事情长久地做下去？"

刘晏认为，商人就是有利可图才会做事，这无可厚非。而造船的工匠也得生活，要保障他们的生活，有了这个基础，才能要求人家把船的品质提上去。否则，为了生存，他们很可能偷工减料，导致船只的品质低劣。而为了保证船只质量，建造出经久不坏的好船，刘晏宁可把预算提高一倍。

想了想，刘晏又说："以后，必定会有人看给我的预算多久会被削减，减少一半还可以接受，如果超过一半，那么造出来的船只必然无法运输货物。"

果然，五十年后，审察部门将造船预算减半。等到咸通年间，就只按照实际成本来做预算，不给一点盈余，于是造出的船只又薄又脆，非常容易损坏，漕运系统因为无船可用只能渐渐废弃了。

刘晏把人力当作一种资本，加大投入，保证了整个产业链的良好运转。而当代的大多数企业无限压缩人力成本，以致安全、质量问题屡见不鲜，追根究底，还是目光短浅的问题。

刘晏不直接救济百姓

刘晏在担任转运使的时候，非常善于处理国家的财政工作。

刘晏曾高价雇用善于跑步的人，前往各地查询当地物价，互相之间传递报告。即使是远方的讯息，不出几日也能传到，因此粮食百货的价格刘晏都了然于胸。他低价买进，高价卖出，不但朝廷赚到了钱，各地物价也被他控制得十分平稳。

刘晏觉得，爱护百姓，不在于给他们多少赏赐，而应当令他们安心耕织。于是，刘晏在各道设置官吏，定期向他汇报各地的天气和收成情况。如果是有正当理由的歉收，那么官吏在收税时就会告知百姓哪一类谷物可以免税、哪一类人可以向朝廷借款。因为这一举措，各地百姓都不曾因粮食歉收而活不下去。

有人指责刘晏：为什么不直接救济百姓，只低价卖出一些粮食给他们呢？

刘晏这么做自有道理，因为国家财政支出有限，拨款少则不足以救助人民，拨款多则国家财政困难。如果国家财政困难，就又得多征税，如此便是恶性循环了。而赈灾时，官吏往往趁机贪污，真正需要救济的百姓能得到的救济金少之又少，危害更深。

> 刘晏打理国家财政，重点是造福百姓。这与现代社会提倡的"以民为本"是同样的道理。

刺史择婿，埋鹿肉者被选中

唐玄宗时期，裴宽曾担任润州参军。当时的刺史韦诜正在给女儿挑选丈夫，选了很久都没有选到合适的。

一日，韦诜在家中休息时，在楼上远望，忽见远处有人在掩埋什么东西，他有些奇怪，便问下属："你知道那是谁吗？"下属回答："那似乎是裴参军。"

韦诜看到下辖参军如此行径，有些好奇，便命人请裴宽来一问究竟。

裴宽拜见过刺史大人，缓缓说道："我知道不能无缘无故接受他人的赠礼，使自己的清白受损。谁知，刚刚回府后，我发现有人送了一块很大的鹿肉，我不知道是何人所赠，退不回去。虽然此事无人知晓，但我也不能掩耳盗铃，收下这块肉。为了保全我为官的清白，就只能把这块鹿肉给埋了，不想被您瞧见。"

韦诜听罢，对裴宽这个年轻人十分欣赏，在心里做了一个决定，道："我有一个女儿，我愿意把她许配给你这般的君子。"

裴宽闻言呆愣当场，过了一会儿才反应过来，连忙拜谢同意。待裴宽走后，韦诜对妻子道："找了这么久，今天终于让我遇到了好女婿。"

韦夫人问："你看上的是谁？"

韦诜乐呵呵道："就是刚走的那个裴参军。"

韦夫人闻言不悦，自家家世显赫，女儿年轻貌美，不说找一个门第相当的，也该找个仕途通达、才名远扬的女婿。可刚刚那个不过一个小小的参军，各方面都普普通通，怎么能配得上自己的女儿？但丈夫话都说了出去，她也不好反对。

几日后，韦诜设宴，裴宽也受邀前往。

众人皆知韦诜挑女婿眼光奇高，如今听说他未来女婿也会来，便都伸长了脖子，想要看看韦诜选出了个什么样的天之骄子。

裴宽来赴宴，穿着碧绿衣袍，头上戴了个黑色幞头，他长得清瘦单薄，活脱脱就是一只碧鹳雀，亲族们都忍不住笑说："韦诜找了个'鹳雀'当女婿。"韦夫人于是更加不满。

宴席结束后，韦夫人对韦诜表示，她绝对不会同意这门亲事。但韦诜十分坚定，他道："但凡宠爱女儿的人，都想要女儿嫁给贤达公侯为妻。那些脑满肠肥的豪门公子，无才无德，将来也只能给人做奴才，如何算得上佳婿呢？"最终，他还是将女儿嫁给裴宽。

裴宽没有辜负韦诜的重望，官至宰相，成为一代名臣。

> 一时的境遇不佳不代表以后不会有改变。韦诜选择女婿，不看眼前，而是着眼于未来，更注重其本身的人品与才华，这一点很值得学习。

裴光庭智防突厥

开元十三年（725年），唐玄宗要前往泰山封禅，宰相张说担心突厥乘机犯边，想要加派军队增强警戒，他找来裴光庭商议此事。

裴光庭说："天子封禅，是要向天下表明陛下治国圣明。这个时候要是表现出害怕突厥入侵，就彰显不出大唐的强盛了。"

张说闻言有些犯愁，问道："那该如何是好呢？"

裴光庭道："四夷之中，突厥国力强盛，屡次请求与大唐和亲，可是朝廷一直犹豫不曾应允。不如现在遣使者前往突厥，要求他们派出一名大臣跟随天子泰山封禅。突厥必定欣然应允，到时候只要突厥来人，那其他外族就没有理由不派人来。如此，边境自然就太平了！"

张说道："你说得对！这样的见解是我没有的。"他立即奏明皇帝，皇帝应允，按照裴光庭的计划实行。突厥果然派遣大臣前来进贡，然后跟随天子前往泰山封禅。

> 隐藏在暗处的敌人往往是最危险难测的，但如果能把敌人放在身边，使一切都在自己的掌控之中，就能安全许多。

员椒、李泌幼年显奇智

开元十六年（728 年）的中秋节那一天晚间，唐玄宗在勤政楼下设立高台，召学者登台辩论，以选拔人才。李泌姑姑的儿子员椒，年方九岁便在高台上侃侃而谈，在座无不叹服。

唐玄宗见此便招他来问话，说着说着，就问员椒："小娃娃，你还认识跟你一样聪明的小友吗？"

员椒思索片刻，道："舅父家有个孩子，唤作顺儿（即李泌），七岁便能作诗，聪敏过人。"唐玄宗于是派人到李泌家，将其接入宫中。

当时，唐玄宗正与大臣张说观棋。他见到李泌后，含笑端详，让张说考验李泌的文才，令其以"方圆动静"为题作对。

张说遂道："方如棋局，圆如棋子。动如棋生（活棋），静如棋死（死棋）。"张说见李泌只有七岁，怕他不理解，便引导道："你可以比喻虚作，不用将棋字实实在在地说出来。"

李泌仰头看着张说，笑着回答："随意而作，这就容易一些了。"他略一沉吟，脱口而出："方如行义，圆如用智。动如骋才（施展才能），静如遂意（感到满意）。"

张说见李泌如此幼小，文才却惊人，忙对唐玄宗贺道："天降神童，是因为您的圣明统治才降下如此奇才！"

唐玄宗素爱奇才，龙颜大悦，将李泌抱入怀中。然后，又命人将李泌抱到忠王院（太子李亨的住所）居住，一连住了两个多月才让他回家。

> 如员椒、李泌这样的神童，文思敏捷不仅远超同龄人，许多成年人也比不过，自幼便得到精心培养。

崔祐甫借花献佛

安史之乱之后，大唐藩镇割据，地方节度使权力膨胀，中央与藩镇互相猜忌，时有摩擦发生。到了唐代宗时期，朝廷对割据势力基本上采取听之任之的政策。诸多藩镇之中，以平卢节度使李正己的权势最大，他占据十几个州郡，麾下兵强马壮，朝廷与各地藩镇都十分忌惮。

大历十三年（778 年），李正己忽然觉得自己需要向朝廷卖卖好，他向朝廷上表，表示支援财政，献给中央三十万缗。朝廷财政紧张，许多京官都要靠借贷维持生活。唐代宗李豫想要收下这笔钱，来解决财政赤字。但这钱可不好收，吃人嘴软，拿人手短，以后李正己要是做得太过分，朝廷也不好指责他。要是不收下，万一李正己说朝廷不给他面子，然后变本加厉怎么办？想推辞似乎也找不到理由。

就在唐代宗左右为难之际，宰相崔祐甫给了一个建议，唐代宗欣然同意。他派遣使者前往淄青（李正己的领地），命其代表中央将那些钱当场分发给淄青将士。

将士们领取朝廷发下的军饷后无不欢喜，纷纷朝着长安的方向叩拜，山呼万岁。李正己见此脸色难看，他本想用这些钱来讨好朝廷，没想到却被朝廷反将一军，朝廷竟然拿着自己的钱来收拢自己的手下。但是，事已至此，李正己有再多的想法也只能忍住了。

> 李正己试图通过讨好皇帝来腐蚀中央政权，从而争取更大的空间。面对如此糖衣炮弹，崔祐甫巧妙地使用"顺水推舟""借花献佛"，让对方有苦说不出。

狄仁杰劝阻李玄冲修御道

唐朝时，一次唐高宗即将驾临汾阳，在此地任官的狄仁杰奉命准备接驾事宜。皇帝车驾会经过一座妒女祠，传说盛装的车马经过此地，便会狂风四起、雷鸣阵阵。长史李玄冲担心引起事端，想要避开妒女祠，另修一条路以供圣驾通行。

狄仁杰劝他："天子威仪，驾临此地也有千乘万骑随行，即便是刮风下雨，也是风伯为其清除尘土，雨神为其冲洗道路，哪个妒女还敢伤害天子？"

李玄冲觉得有道理，就放弃了修路计划。唐高宗的车驾在途经妒女祠时，果然什么事也没有发生。唐高宗得知此事后感叹李玄冲体恤百姓，赞道："真丈夫哉！"

> 正所谓"以子之矛，攻子之盾"，拿对方的观点、方法或言论来反驳对方，往往事半功倍。鬼神怪谈不好证实，狄仁杰巧妙地用对方的观点来劝说对方，使其欣然接受，正是运用了这一策略。

狄仁杰认下诬告，逃过一劫

长寿元年（692年），酷吏来俊臣诬告狄仁杰等人谋反，将一众大臣逮捕入狱。按照当时的律法，立即承认谋反可以减免罪罚。狄仁杰当场认罪，慷慨激昂地说："大周变革天命，万物都更新了，我等唐室旧臣，甘心赴死，我确实谋反了！"

来俊臣得到口供后，便将狄仁杰等人关押起来，只等过几日处死，不再严加看管。狄仁杰借机向狱卒借来笔墨，从被子上撕了块布，在上面写清冤屈，塞入棉衣，请求狱卒把棉衣送回家。负责看守的人认定他们必死无疑，便也没有怀疑，痛快地让人将其交给狄仁杰之子狄光远。

狄光远赶紧拿着父亲手书向武则天伸冤。武则天读过伸冤信，召来俊臣质询。来俊臣辩解："臣没有对狄仁杰等人用刑，连他们的头冠发带都不曾摘下，饮食寝居也悉心照料。他们如果没有谋反，那为何还要认罪呢？"

武则天派大臣周綝前往狱中调查。来俊臣事先给狄仁杰等人穿戴好，然后才放周綝入内。周綝畏惧来俊臣，一味唯唯诺诺，看都没看狄仁杰等人一眼，就回去向武则天复命了。来俊臣还命人依照狄仁杰等人的口吻，伪造出一篇《谢死表》，要周綝呈给武则天。

武则天仍不放心，决定亲自审问。她召来狄仁杰，问："你为何要承认谋反？"

狄仁杰回答："臣要是不承认，这时恐怕已经死于酷刑了。"

武则天又问："那为何要作《谢死表》认罪？"

狄仁杰答："臣从未写过认罪之言。"

武则天闻言，令人拿出《谢死表》查看，方知乃是伪造。武则天于是免去狄仁杰等人死罪，将其全部贬到地方为官，狄仁杰被贬到彭泽做县令。

> 达成目标需要坚定不移，当直路不通时，绕个弯，迂回一点，往往也能达成目的。

狄仁杰解梦复唐

武则天想要立侄子武三思为太子，询问宰相们的看法。狄仁杰道："我看世人还没有忘记李唐恩德，若您要重立太子，非庐陵王（武则天第三子李显，唐中宗）莫属。"武则天闻言勃然大怒。

后来，武则天做了一个奇怪的梦，便请狄仁杰解梦。她说自己梦到了一只两翼折断的大鹦鹉，狄仁杰道："武为陛下姓氏，两翼就是指您的两个儿子。您活着的儿子只剩下庐陵王与相王（武则天第四子李旦，即唐睿宗），只要您起复这二位，鹦鹉的两翼便可振作。"

狄仁杰又道："当年太宗筚路蓝缕，舍生忘死，方才得到天下，传于后世子孙。而先帝又将二子托付于您，您现在却要将国家让与外姓吗？况且，姑侄的关系哪有亲母子亲近呢？陛下若立儿子为储君，千秋万代后依然配享太庙。但要是立侄子，臣还没听说过皇帝的姑姑配享宗庙的。"

武则天闻言不悦，道："此乃朕的家事，你不要再干预了。"

狄仁杰反驳道："天下事都是您的家事。君王是元首，臣子为四肢，犹如一体。臣忝居宰相之位，如何就不能干预呢？"武则天默然不语，就此作罢。

后来，武则天改变了主意，暗中将三子李显接回洛阳。她让李显藏于帷帐之后，然后召见狄仁杰，故意提起李显。狄仁杰再次恳求，情真意切，以致泪流不止。

武则天见此，把李显叫了出来，对狄仁杰道："朕现在就把太子还给你。"

狄仁杰跪地叩头，道："太子还朝，却悄无声息，到时议论纷纷，如何才能使人信服呢？"于是武则天将李显安顿在龙门，然后依照礼节迎入皇宫。朝廷百官、天下百姓无不欢呼雀跃。

冯梦龙在《智囊》中说，但凡生前贪恋荣华富贵的，很少有不在意死后尊荣的。狄仁杰摸准武则天的命脉，站在武则天的角度帮她分析利弊得失。他措辞委婉，极力避免招惹武则天厌恶，比只知驳倒皇帝的古板谏臣要高明许多。

狄仁杰劝唐高宗依法治罪

将军权善才、范怀义误砍昭陵（唐太宗的陵墓）柏树，按照律法，二人应当被免职。唐高宗怒不可遏，一心要处死二人。狄仁杰上奏为之辩护，认为他们不至于被处死。

唐高宗怒道："他们砍伐了昭陵的树木，陷我于不孝，必须杀了他们。"

面对盛怒的唐高宗，当时的狄仁杰虽然还是个小官，但也没有退缩，他写下一篇《谏杀误斫昭陵柏者疏》，里面是这样说的：冒犯皇帝直言进谏，自古以来都被认为是一件很难的事情。臣觉得遇到桀纣那样的昏君确实很难，但如果是劝谏如尧舜一般的贤主就很容易了。按照国家法律，这二人罪不至死，但陛下却一定要杀了他们，这样世人就不会再信任、遵守法律了，到时候人们又该以什么作为行动的依据呢？从前，张释之就曾劝谏汉文帝："偷盗宗庙里的东西就要诛杀全族，那如果有人偷走长陵的一抔土，又要施以什么样的刑罚呢？"现在您因为一棵柏树就要处死两位将军，后世该如何评说您呢？臣这些不敢认同诏令的人，是不想眼看着陛下做错事，却不加劝诫，以后死去到了地下也羞于与张释之相见。

唐高宗读完这封奏疏，便免去权、范二人的死罪，依法判处。

狄仁杰借名臣之口，说出自己的观点，让皇帝无从反驳。而因为狄仁杰这一番话，唐高宗即使不杀人也不会被说不孝。去除了被劝谏者的后顾之忧，那么劝谏自然会顺利很多。

钱县令斩放火巫

五代人钱元懿在担任新定县令时，间里（有围墙的住宅区）之间火灾频发，居住于此的人们十分恐慌。有一个姓杨的巫婆，四处散播谣言，说哪个地方还会失火。结果她的预言果真一一应验，百姓们见此纷纷献上财物求她护佑。

钱元懿告诉身边的人："发生火灾的地方都是杨巫婆说过的，这火就是杨巫婆放的。应该将她处死。"于是，在刑场当众杀死巫婆，自此再没有火灾发生。

> 从条件出发，抽丝剥茧寻找作案凶手，往往容易陷入自以为是的死胡同。
>
> 或许，从结果倒推，反而能拨云见日，使真相大白。

高定一语道破

唐朝人高定七岁时开始学习《尚书》，他在读到《汤誓》（商汤相伊尹讨伐桀，与桀在鸣条郊野作战的篇章）时，问他的父亲："作为臣子，有什么权力去讨伐君上呢？"

高父回答："这是为了顺应天道人心。"

高定不解："《甘誓》篇说，为国家效命的人，就在祖先宗庙前接受赏赐；不为国效命的人，就要在土地神的神位前被杀死。这是顺应天道吗？况且，导致那么多百姓离散被杀，怎么就是顺应人心了呢？"高父哑口无言。

古往今来，许多为了一己私利的人，以替天行道为借口挑起战争。高定小小年纪却能一语道破，真是神童！

张全义劝民从良，种田养蚕

五代十国时，东都洛阳多次遭受盗寇侵袭掳掠，居民甚至不满一百户。

张全义担任河南尹，选了十八个有才干的部下，派他们前往十八个县的旧村落中，竖旗张榜，昭告流民，劝他们返乡农耕，并答应减免税赋；触犯法律的只要不是杀了人必须处死的，其他人只需处以杖刑。于是百姓络绎而归，几年过后，洛阳就逐渐恢复了繁荣景象。

张全义每当见到肥沃的田地，都会下马与下属一同观察，还会请田地的主人来喝酒吃菜，加以慰劳。对于蚕、麦收成好的人家，张全义偶尔会来到他们家中，慰问老人幼童，送给他们茶叶、衣衫。

百姓们都知道张全义不喜欢声色犬马，只有在看到肥沃的麦田与白胖的蚕虫时才会开心地微笑。因此，百姓争相耕田养蚕，洛阳便逐渐富庶。

"上有所好，下必甚焉。"比喻上位者喜欢什么，下面的人必定更加喜爱。张全义用微笑来劝诱百姓，远比许多官吏明令禁止、大发脾气要有用得多。

陈子昂砸琴扬名

第二次考试落榜，陈子昂走在长安城的街上，看着周围的繁华景象只觉五味杂陈。当时，有人在卖琴，价格昂贵，引来豪门权贵的关注。

陈子昂见此，眼也不眨就把琴买了下来。

一时间,人们都为陈子昂的财大气粗感到震撼,就在他们好奇陈子昂的琴技有多么高超时,陈子昂说:"我平时爱好弹琴,如果大家感兴趣,明天请到我的住所来,我为大家弹奏一曲!"

第二日,陈子昂的住所挤满了看热闹的人,陈子昂道:"我来自四川,写过上百篇上佳的文章词句,却还是无人赏识、碌碌无为。弹琴我虽擅长,却不想污了大家的耳朵!"说罢,就将琴高高举起,狠狠地往地上一砸,琴立刻被摔碎。

见围观的众人目瞪口呆,陈子昂道:"大家还是来看看我的作品吧!"然后将自己的诗文散给在场的人。

经此一事,陈子昂名声大噪,成为长安城内家喻户晓的名人。

> 炒作就是制造八卦,将影响力最大化,进而吸引公众的注意力,以扩大自己的知名度和影响力。陈子昂高价买琴博得注意,借机将自己的作品营销出去,可谓是炒作的典范。

施仁望机警救周邺

南唐人周邺担任禁军长官,他的父亲是信州刺史周本,与禁军元帅刘素曾结下仇怨。有一年,金陵城夜间发生大火,而周邺当时喝了太多酒,在家中醉得不省人事。

皇帝听说周邺玩忽职守,怒不可遏。他吩咐亲信施仁望:"你率领十名卫士去火灾现场看看,如果周邺在现场救灾也就罢了,要是他真的醉倒在床,你就立刻将他处死,让他死透了!"

施仁望一边往火灾现场赶去,一边派人到周邺家中报信。周邺一听惊恐不已,他慌慌张张,穿着妇人的衣裳就去找施仁望。施仁望将周邺留下,等大火扑灭,便带周邺去向皇帝复命。

这时，施仁望看到刘素走到了殿门，看样子是正要回禀皇帝火灾的相关情况。施仁望担心刘素会公报私仇，但又怕自己贸然替周邺求情会触怒皇帝，到时候不但救不了周邺，自己也得搭进去。

情急之下，施仁望一把将刘素推到边上，抢先道："陛下，大火已经被扑灭，周邺确实烂醉不起。"

皇帝问："你将他处死了吗？"

施仁望道："如今，周邺的父亲正准备率领大军攻打敌人，臣不敢在他临行之际擅自行动。"

皇帝闻言恍然大悟，他拍着桌子笑道："朕差点误了大事。"经过这件事，施仁望备受皇帝赏识、重用。

> 当难以靠道理说服他人时，制造危机感是一个不错的选择。皇帝盛怒，施仁望与他道明利害，提醒他当务之急，促使他暂时忽略客观存在的问题，选择了妥协。

第三章

武将

杨素转守为攻

开皇十九年（599年）二月，突利可汗向朝廷举报都蓝可汗制造攻城武器，意图攻占大同城（今内蒙古乌拉特前旗东北）。隋文帝遂命杨素、高颍、燕荣兵分三路，讨伐突厥。

都蓝可汗得知隋军大军来袭，与达头可汗结盟，合力攻击突利可汗。四月，杨素军在灵州以北与达头可汗的大军相遇。此前，隋军与突厥交战时，都担心突厥骑兵冲杀，多采用战车、骑兵与步兵相配合的阵法，在阵外四周布置鹿角、蒺藜等物，把骑兵留在最里面。

杨素道："这只是防御的方法，不能取得胜利。"于是舍弃保守的阵法，调整战术，令麾下各军队的骑兵摆开阵势。

达头可汗见状大喜过望，道："真是天助我也！"还翻身下马仰天而拜。紧接着，他立刻带上十数万精锐骑兵直朝隋军杀去。将领周罗睺见突厥急于取胜，阵形混乱，自请率领精骑迎战。杨素应允，然后调动大军跟在后面。隋军将士一通狠杀，突厥大败，达头可汗重伤而逃，麾下将士死伤不可计数。

> 转守为攻即改变防守的姿态，转变为积极进攻。作战时，交战双方攻守状态的转变，往往也意味着战事的形势变化，以及主动权的变更。

程咬金、秦琼投靠明主

唐武德二年（619年），王世充发兵进攻故州，拜秦琼为龙骧将军，程咬金为将军，对二人十分亲厚。但是程咬金和秦琼看出王世充狡诈阴险十分厌恶。

程咬金劝秦琼："王世充才识浅薄，缺乏风度，心胸狭隘，还爱乱说，没事就赌咒发誓，一副老巫婆的做派，哪里像是拨乱反正的明主！"秦琼深以为然。

等到王世充在九曲与唐军大战时，秦琼、程咬金带兵上阵，二人策马向西跑了百来步，然后下马对王世充行礼，道："我等蒙受您的厚待，之前总想报恩，为您效犬马之劳，但您容易猜忌他人，喜欢听信谗言，实在不是我等托身之处。如今我等不能再为您效劳了，从此别过吧。"

说罢，二人火速跳上马，带领麾下几十名部将一同降唐，王世充还在与唐军对战，不敢贸然追击。

李渊命程咬金与秦琼跟随李世民，李世民对他们早有耳闻，十分重用。此后，程咬金先后击败宋金刚、窦建德、王世充，战功赫赫。

> "良禽择木而栖，良臣择主而事"，说的是一个优秀的人一定要懂得为自己找一个好平台、好上级，因为伯乐与千里马缺少一个都不能发挥作用。如果在中途发现不对，就要及早抽身，再寻找机会。

于仲文示弱击敌

公元 580 年，时任北周丞相的杨坚大权独揽，他任命于仲文率领军队东进洛阳，讨伐檀让。

于仲文连克敌军，行至蓼堤，在距梁都睢阳（今河南商丘）约七里的地方，与檀让的数万大军狭路相逢。

部将们建议："我军刚刚结束行军，军士疲惫，不宜立即开战。将军何不先探察一番再行动？"

于仲文胸有成竹道："军中将士大多来自山东，向东出征必定求战心切。若久久不战，势必士气颓丧。诸位只管作战即可，我自有办法破敌。"随即他派出精锐部队埋伏在后方，让老弱残兵上前挑战。

檀让见状，以为有利可图，立即带着部下冲杀过去。老弱残兵刚与檀让的士兵交上手，就立刻转身撤退。檀让穷追不舍，正追得起劲，两侧突然传来震耳的喊杀声，伏兵冲杀过来了。檀让手下的军士被打得猝不及防，个个惊慌失措，顿时军阵大乱。檀让见大势已去，只得率领残部向成武逃去。

> 示敌以弱即隐真示假，迷惑敌人。这样，敌人就会误判我方实力，轻率地发动进攻，给我方歼灭敌人的可乘之机。

于仲文以假乱真

公元580年，于仲文打败檀让后，檀让就逃去了成武。

不久，下属禀报檀让："于仲文已通知各州县，说马上就率军赶到，要求州县官员抓紧为他准备粮草。"

檀让不以为意道："于仲文的大军远在一百里以外，难道他还能插着翅膀从天上飞来不成？这不过是动摇军心的谣言罢了，我可不是黄口小儿，岂能上当？诸位放心，等于仲文发兵以后再准备迎战也不迟，何必慌张？"随即下令全军放假三日。

檀让军营中，将领宰羊烹鸡，大摆酒席，士兵赌博玩乐，一时间都忘记了还有大敌当前。哪知于仲文挑选精锐骑兵突袭，一日便到。神兵天降，檀让仓促应战，又吃败仗，只好弃城逃走。

于仲文散布马上要到成武的消息，采用的是以假乱真之计。以假乱真不但可以试探出敌军虚实，还能麻痹敌方，制造有利于我军的战机。

于仲文扮使夺城

公元580年，叛将席毗罗意图进攻徐州，屯兵十万驻扎沛县。于仲文准备攻打沛县，这时他得到情报，说席毗罗及其属下的家人都住在金乡，便生出了一个主意。

于仲文派人扮成席毗罗的使者，前往金乡。"使者"到达金乡后，骗守城官员徐善净："明日中午之前，檀让将军将来此地传达尉迟迥的命令，并犒赏将士，望大人做好准备。"徐善净没有怀疑，连连称是。

第二日，于仲文派一队人马打着尉迟迥的旗号先行，自己则带主力跟随其后。前队人马在离金乡还有一里地时，等候在城楼上的徐善净望见旗号，急忙带领官员出城迎接，走至近前才发现有诈，但为时已晚，只得束手就擒。就这样，于仲文占领金乡。他估计席毗罗定会前来救援，便传令全军严阵以待。

果然，席毗罗得知被抄了老家后，放弃进攻徐州，立即率军赶往金乡救援。

于仲文早早布置好，他命令精锐部队埋伏在麻田里，只派一部士兵迎战。席毗罗来到金乡城下，见于仲文兵力单薄，自觉人多势众，命令士兵一拥而上。

这时，埋伏在麻田里的士兵一齐冲出，将席毗罗的军队截成数段。席毗罗的军队在前后夹击之下，溃败而逃。

于仲文利用情报信息制订诱敌之计，前后两次"以假乱真"设下埋伏，让敌人防不胜防。

徐敬业抚贼

唐高宗李治统治时期，有人聚众抢劫。官府先派军队前去讨伐，未果，又命徐敬业担任刺史前往处理。当地官员听说后，派军队到城外迎接他，徐敬业把他们全部遣回，独自一人骑马到达州府。贼寇得知新刺史已到，便心生警惕、严阵以待。

但徐敬业上任之后，对剿匪之事只字未提，等把其他事务处理好后，才问："贼寇们现在都在哪里？"州吏答道："全部聚集在南岸。"于是徐敬业就带着零星几个随从渡河南去。大家伙见他不带兵士就往贼窝去，又是担心，又是惊愕。

贼寇们原本手持兵刃观察敌情，结果只见徐敬业这一艘船，船上也没有兵士，就又撤回营地藏了起来。

徐敬业上岸后，直接大摇大摆地走进营地，告诫贼寇："官府知道你们都是受到贪官污吏的迫害才聚众抢劫，没有犯其他罪。都好好回家种田吧，再不走就要被官府当贼盗处置了！"

徐敬业将所有盗匪都轻轻放过，就连他们的首领也只是叫到面前，责备他不早点投降，然后让人打了他几十杖就无罪释放了。从此之后，全州境内太平无事。

徐敬业深谙官场黑暗，明白若非官逼，民众是不会轻易作乱的。徐敬业了解敌人弱点，从容淡定。

梁毗哭金平乱

隋文帝在位时期，居住在西宁的少数民族酋长们把金子看作富有的象征。谁的金子多，酋长们就会蜂拥而至、大肆抢夺。一时是我打你，一时是他打我，一时又是你打他。当地百姓一年到头没有安生日子可过，怨声载道。

梁毗刚上任为州刺史，他发布文书明令禁止这种行为。结果，酋长们置若罔闻，依旧你争我抢。酋长们为了和梁刺史打好关系，个个都偷偷送金子给他，且给的都不少。

梁毗心中纠结：退回去，这群家伙大概会恼羞成怒吧；留下来，这些酋长恐怕会更加有恃无恐。思忖片刻，他吩咐左右："给各位酋长下请帖，请他们明晚到府上赴宴！"

第二日傍晚，酋长们个个乐呵呵地赴宴："哪有官是不贪的？这梁毗收了我们的金子就手短了，现在反倒要请我们喝酒啦！"

就在大家喝得热火朝天的时候，梁毗摆手示意属下把所有贿赂他的金子都端了出来，堆放在桌上。梁毗望着金子，看了一会儿，冷不丁就号啕大哭起来。

酋长们一头雾水，惊慌地问："大人这是怎么了？"

一位酋长大着胆子试探道："梁大人，是不是我们送的不够您花销？"

梁毗用力摇摇头，哭得更大声了："你们为了争抢金子，互相残杀，年年也没个停歇的时候。现在，你们又把这害人的东西送给我，是不是想把我养'肥'了，再杀了我分钱？"

酋长们一听，赶紧站起来，拱手施礼道："刺史大人，这是我们对您的一片心意啊，绝对没有其他意思。"

梁毗哽咽着问："那么，你们之间究竟是因为什么争抢这害人的东西？"

酋长们互相打量，谁也琢磨不出答案。

梁毗渐渐止住了泪水，亲自将这些金子一一还给各人，道："这东西我不能要，宴席结束之后你们就都带回去吧！"酋长们这时才恍然大悟，明白梁刺史为什么哭金，纷纷惭愧地低下头。

自此之后，酋长们不再争抢金子了。隋文帝得知消息后，非常赞赏梁毗，将梁毗升为大理寺卿，掌管全国司法。

"世界上没有免费的午餐。"梁毗心里清楚，酋长们之所以愿意把好不容易抢来的金子送给他，就图他手中的权力，收下这些金子必定会吃人嘴软，所以他才用哭金来委婉地拒绝、劝导。

贺若弼换防惑敌

公元 589 年正月，一场渡江战役即将打响，贺若弼率领隋朝部队担任先锋。临行前，隋文帝杨坚告诉贺若弼："此行你的任务非常重要，从广陵渡过长江，与陈国守军交战，乃是为我大隋攻克陈国都城开辟道路。长江天险，强攻绝非上策，你须设法巧渡。"贺若弼深以为然，自进驻广陵起就开始部署。

贺若弼购买了很多大船，计划用它们渡江。他先把大船藏起来，把五六十只破船放在江边的小河上。陈国士兵暗中观察后，禀报上级："隋国处在内地，不懂得造大船，靠那几十只破船不可能渡江。"陈国将领听罢，放心了不少。

之后，驻扎在江边的隋军突然开始频繁换防。每换一次防，万千兵马都云集广陵，广建营帐，旗帜如林，呼声震天。

陈军如临大敌，唯恐贺若弼率大军压境，强渡长江。陈国将领急忙调兵遣将，准备决战。后来，他们发现隋军只是换防，斗志全消，又将军队调离。

对岸的隋军仍换防换得热火朝天，陈军却不再枕戈待旦了。哪知，此时的贺若弼已经悄悄调集、部署好渡江的大军了。进攻之前，贺若弼特意派士兵沿着江岸打猎。隋军声势震天，演习着如何渡江。陈军却对此见怪不怪——他们早就麻木了。

贺若弼江边策马，他知道时机已成熟，于是一声令下，命大军渡江！瞬间，万舟齐发，隋军顷刻间冲过长江。而麻木的陈军竟丝毫不知。隋军在横渡长江，攻入陈军驻地时，发现陈兵竟然都喝得烂醉如泥，毫无抵抗之力。

贺若弼渡过长江后，势如破竹，一路打到陈朝都城建康。

> 贺若弼先设计麻痹敌军，最终巧渡长江，以最小的代价赢得胜利。如果可以用智谋打败对手，就不需要依仗蛮力，伤敌一千自损八百，这是千百年来兵家总结的道理。

杨玄感诈呼懈敌

隋炀帝大业九年（613 年），礼部尚书杨玄感举兵造反，攻打东都洛阳。消息传开，朝廷上下一片震惊，隋炀帝急忙派出刑部尚书卫玄出兵镇压。卫玄率领两万步兵、骑兵日夜兼程，向洛阳进发。

杨玄感和卫玄在洛阳附近交战，卫玄人多势众，占据上风。

杨玄感见状便召集部下，道："暴君派来的军队兵强马壮，我们想赢就只能智取了。等会儿，你们佯装混乱，再让士卒高喊：'不好，杨玄感叫官兵活捉了！'这样做，定能蒙骗敌人。"

众将领领命，不久，牛皮战鼓"嘭嘭"作响，震耳欲聋的鼓声密集发出，两军开始厮杀。突然，杨玄感的士兵大喊："不好啦，不好啦！杨玄感被捉了！"声音惊慌急切。

卫玄的官兵本来正在奋勇拼杀，听到敌军这仓皇的叫喊，都以为大局已定，立马松懈下来。

杨玄感知敌军中计，瞅准时机，挥剑长啸："杀！"几千铁甲骑兵应声冲向敌方，轻而易举搅乱了敌阵，大败隋军。卫玄不敌败走，回头一望，竟只剩八千兵士垂头丧气。

> 孙子曰："善战者，致人而不致于人。"善于指挥作战的将领，总会调动敌人，而不被敌人调动。杨玄感能在敌强我弱的情况下，使用计策影响敌军士气，正是"致人而不致于人"。

魏元忠用贼防盗

唐高宗计划前往东都洛阳，但此时关中正在发生饥荒，他担心路上会遭到强盗、小偷，就派监察御史魏元忠检查路线。

魏元忠接到皇帝的任务后不敢怠慢，他沉吟半晌，来到监狱巡查。

魏元忠在狱中观察这些囚犯，发现其中一人相貌堂堂，神情举止异于常人。于是，魏元忠命人去掉他身上的镣铐，让他整理好衣冠，坐在后面的车架上一起回家。

魏元忠与这位盗贼同吃同住，十分礼待。盗贼问魏元忠："大人这般待我，一定是有要事相托。只要您一声吩咐，小人定当肝脑涂地，万死不辞！"

魏元忠道："用不着你死，只要你把看家本事拿出来即可。"

盗贼迟疑道："大人难道是想做盗贼？"

魏元忠笑道："非也，你既然做过盗贼，就一定熟知盗贼是如何作案的。皇上欲驾临东都，我是想请你帮我防范这一路上的盗贼。"

盗贼闻言豪爽一笑，道："大人您只管放心，我一定完成任务。"

有了盗贼的帮助，皇帝的车驾往返，上万随从，没有一人丢一个钱。

> 官兵不了解盗贼的手段，魏元忠任用了一个"道上人"可谓以毒攻毒。而只要能起到作用，囚徒盗贼也可以为朝廷效力。

刘兰成疑兵之计

唐高祖武德元年（618年），刘兰成投降了起义军首领綦公顺。

投降次日，刘兰成向綦公顺请战："请你允许我挑选百名壮士，袭击东阳城。"

綦公顺不以为然，心想："带这么几个兵去攻打，岂不是鸡蛋碰石头？我倒要看看这刘兰成有什么手段。"于是笑道："好，我同意了。"

刘兰成率领一百五十名壮士出发，走到离东阳城四十里的地方，令十人留下割草，然后把这些草分为一百多堆，一旦接到命令就立刻点燃。走到离城二十里的地方，他又命二十人留下，这二十人每人拿着一面大旗，只要接到命令，就立刻竖起。到离城五六里的地方，他又让三十人留在此处，让他们潜伏在险要之地，随时准备袭击敌人。

刘兰成自己亲率十名壮士，趁着夜色，潜伏在城外一里的小树林中。剩余的八十人分别潜藏在地形有利之处，只要听到鼓声响起，这八十人就会跳出来，抓住敌人，抢夺牲畜，然后飞快撤离。

第二日一早，城内士兵远望，没有发现敌人奔袭卷起的烟尘，就开开心心出城打柴、放牧了。临近晌午，太阳越发晒人。刘兰成带着十个人直奔城下，城上的士兵见状立刻击鼓传报。那八十名可以自由行动的士兵听到鼓声，立刻跳出来袭击，他们抢到了许多牲畜，活捉了很多打柴、放牧的敌兵，然后火速离开。

还在城下的刘兰成估计自己的人应当已经得手，便突然放慢脚步，带着十名士兵离开城门。这时，城中冲出大批将士迎战，可他们见刘兰成闲庭信步一般，生怕附近有埋伏，不敢直接出击。城中士兵只是远远地跟在刘兰成的队伍之后，观察情况。走了一段路，他们只见前方战旗迎风飘动，更远处还冒起大片浓烟，顿时惊慌不已。这烟尘四起，定是有大批伏兵埋伏在前方，于是立刻掉头返回城内。

刘兰成就这样俘获许多敌兵，还将大量敌人来回戏弄。

> 所谓疑兵之计，就是指通过欺骗来让敌人产生错误判断，从而赢得战争的胜利。

刘兰成扮敌之计

隋末，起义军首领綦公顺刚打下北海，东海起义军首领臧君相为争地盘，亲率五万兵马向北海进发。

綦公顺手下兵少将寡，自是远远不及。惊闻此讯，綦公顺冷汗直流，连声道："快去请刘兰成来！"

刘兰成拜见过綦公顺后，从容自若道："将军，这场仗只要我们先发制人，定能取胜。臧君相的大军离我们还有很远的距离，应当料想不到我们会去攻打他，故而一定会疏于防范。将军现在带兵偷袭，一定会旗开得胜。请您与我一同前往吧。"

綦公顺道："真是妙计，我同你一起领五千精兵，准备好干粮，立刻就出发突袭！"

就在快到达目的地时，刘兰成带领二十人的敢死小队行进在最前方。

他们离臧君相的营地只有五十里时，臧君相的士兵正带着抢掠来的财物往军营奔去。

刘兰成见状，立刻想出了一条计策。他命令二十名敢死队员："快！伪装成敌兵，见机插进敌群里去。"

敢死小队听令行事，一番乔装打扮之后，肩挑着米粮锅灶混入敌人的队伍。敢死小队边走边偷偷记下敌人说了些什么，观察敌人的一举一动。很快，他们就打探查清楚敌军的口令以及将领姓名。

天色渐暗，刘兰成带着敢死小队的人和敌军士兵一边说笑，一边跨进营门。卫兵们笑闹着，谁也没发现敌兵竟然已经混进营地了。刘兰成和敢死小队的成员挑着担子，在敌营中东游西晃，不一会儿就查清了其中部署。

到了半夜，只听"嘭！嘭！嘭！"三声清脆的更鼓声。二十人的敢死小队如神兵天降，直直闯入敌军主将的住处，一通乱砍，砍死了百多名敌兵。敌军被打得晕头转向，方寸大乱。

这时，綦公顺带领着大队人马呼啸着杀到，一路杀进敌营。

臧君相的大军被杀得七零八落，而臧君相本人则一个人逃走了。綦公顺和刘兰成俘获、歼灭数千敌兵，满载着物资返回。

> 被迫的主动出击，使刘兰成化被动为主动，制造出敌在明我在暗的大好局面。

裴行俭粮车藏兵

唐高宗调露元年（679年）的一天，单于都护府长史萧嗣业的粮车正缓慢地行走在道路上。突然，突厥首领阿史那德温傅率领叛军呼啸着杀来，他们杀死押车的唐军，抢走了粮车。第二年，唐高宗派裴行俭领兵攻打突厥。

　　裴行俭命士兵拉来大车三百辆，又挑选了装备精良的精兵一千余名。裴行俭告诉他们："之前，萧嗣业的军粮大多都被突厥人抢去，所以才会兵败。现在轮到我们，突厥人定会故技重施。想要打败敌人，还是得出其不意。"精兵纷纷听令，镇定有序地藏入粮车。裴行俭又派出一支队伍埋伏在沿途的险要处，伺机而动。

　　一支突厥军队看到唐军的运粮车，喜道："唐军又上门来送粮了！"然后就一窝蜂地朝着粮车冲去。这次押粮的都是些老弱残兵，他们一见突厥兵就故作惊慌地扔下"粮车"逃跑了。

　　突厥兵喜气洋洋地赶着"粮车"返回，他们来到一个水草丰美的地方，解下马鞍，放马去喝水吃草。有人提议："我们来看看这次有多少粮食吧！"于是，突厥兵纷纷放下刀枪，准备打开"粮车"清点战果。

　　这时，"粮车"突然打开，骁勇善战的唐军从车中一跃而出。突厥兵见此惊慌失措，许多人还来不及迎战就被砍下了头颅。剩下的突厥兵赶紧逃跑，他们一路逃到险要之处，忽听见一阵鼓声——又是一支唐军！前后夹击之下，抢粮的突厥兵死伤过半。

　　有了这次教训，突厥兵再看到大唐的运粮车就不敢随意抢掠了。于是，裴行俭的粮草补给从无短缺，最终顺利赢得了战争。

　　将计就计就是根据对方所用的计策来制定策略，从而打败对方。将计就计不仅可以出其不意，令敌人措手不及，还可以迫使敌人不再使用擅长的招数，是古代战争中常见的策略。

裴行俭不战而胜

　　唐高宗当政期间，统领突厥十个部族的可汗阿史那都支以及李遮匐（西突厥首领，姓阿史那，降唐后赐姓李），纵容各个附属部落滋扰安西，又私自与吐蕃结盟，朝廷决定发兵征讨。

裴行俭提出建议："吐蕃强横跋扈，又正是强盛的时候，李敬玄讨伐失利，刘审礼已被斩首，怎能再因西部边境冒动兵戈、损兵折将呢？现在波斯王已死，他的儿子泥涅师在长安为质。如果朝廷能派使者送泥涅师回波斯继承王位，借机从突厥、吐蕃两国经过，到时候用个计策来解决问题，也就不用费时费力了。"

唐高宗认为有道理，就下令由裴行俭带上诏书护送波斯王子，还任命他为安抚大使。裴行俭带着团队领命出发。

一行人到达西州，各附属国的官员纷纷出城迎接，裴行俭在当地招募了一千多名人才跟着自己继续向西走。他传播谣言，道："天气炎热，队伍无法继续前进，所以我们要住下来，等到秋天来了再出发。"阿史那都支得知后信以为真，没有做任何迎战准备。

裴行俭召见龟兹、于阗、疏勒、碎叶四镇的酋长，约他们去打猎，道："我就喜欢打猎，一直也忘不了，你们谁愿意和我一同去打猎？"愿意同往的当地青壮年足有上万名。

于是，裴行俭暗自带着庞大的队伍出发，然后在几天内加速前进。在到达离阿史那都支营帐十多里的地方，裴行俭先派遣与阿史那都支关系不错的人前去拜访，显得清闲又有礼，表示绝无交战之意。随后，他又派人紧急召见阿史那都支。阿史那都支本来都和李遮匐计划好了，等到秋天就准备迎战唐军。结果，这唐军说到就到，仓促之间阿史那都支想不出对策，只得率领五百多名下属前去拜见裴行俭，被其擒获。

当天，召集来的各部族酋长都来为阿史那都支求情，裴行俭将他们一起抓捕，押送至碎叶城。

接着，裴行俭挑选精锐骑兵，前去袭击李遮匐。行军途中，唐军逮住了李遮匐的使者。裴行俭将使者放回，让使者告诉李遮匐，阿史那都支已被活捉。李遮匐得知消息后立刻投降，和阿史那都支等人一起被押往长安。

回到长安后，唐高宗亲自设宴犒劳裴行俭，道："裴行俭孤军深入，远赴万里之外，不用打仗就捉住了叛党，平定西陲，真是文韬武略。可同时授予他文臣、武将两种官职。"于是，当即任命裴行俭为礼部尚书兼检校右卫大将军。

> 《孙子兵法》有云："不战而屈人之兵，善之善者也。"掌握战争主动权，把握整个冲突的走向，迫使敌对方主动认输，从而达到保存实力、减少损失的目的。

张巡草人借箭计

唐玄宗逃离长安后，安禄山所率叛军大举进攻长安。郭子仪、李光弼听闻长安失守，只能放弃河北。李光弼退守太原，郭子仪折回灵武，好不容易收复的河北又重新落入叛军之手。

叛军进入潼关之前，安禄山派大唐的降将令狐潮前去攻打雍丘（位于今河南省杞县）。令狐潮本就是雍丘县令，安禄山占领洛阳时，令狐潮望风而降。在雍丘附近的真源县，其县令张巡不肯投降，便招募来一千多个壮士，夺取雍丘。令狐潮率领四万叛军来攻，张巡和将士坚持了六十多天，他们吃饭时也不脱盔甲，伤口刚包扎好就再去迎战，击退叛军三百多次，杀伤叛军无数，迫使令狐潮退兵。

之后，令狐潮又集结大军前来攻城。此时，长安失守的消息已传至雍丘，令狐潮闻讯只觉大势已成，直接送了一封劝降信给张巡。

长安失守的消息一时间传遍唐军上下，雍丘六名很有声望的将领见形势不好，都有些动摇。他们找到张巡，劝道："现今敌我双方实力悬殊，皇上是生是死也不知晓，还不如就此降了吧。"

张巡一听虽心中怒不可遏，却还装作若无其事，答应明日与众人一起商讨对策。第二日，张巡召集全县将士，他当着所有人的面把六名将领喊出列，宣布他们犯了叛国、扰乱军心等重罪，当场将六人斩杀。将士们见此，群情激愤，纷纷表示要与叛军死战到底。

叛军源源不断地来攻城，张巡带领兵士站在城楼上射乱箭，逼退叛军。但是，旷日持久，城里的箭矢已经用尽。为了此事，张巡十分心急，他决定主动出击！

一天深夜，雍丘城头上黑黢黢一片，远远望去竟有成百上千个身着黑衣服的兵士沿着绳索爬下城墙。叛军很快发现了这件事，报告给令狐潮，令狐潮断定这是张巡想要派兵偷袭。于是，他下令朝城楼放箭，一直放到天色渐白，在天光下叛军才看清，城墙上挂的全是草人！

雍丘城头，士兵们兴高采烈地拉起草人。这千把个草人，个个身上都是密密麻麻的箭矢。士兵们粗略统计，竟足足有几十万支。如此，城里就又有箭用了！

又过几日，就如同之前那夜一样，城墙上又出现了黑黢黢的一片"草人"。令狐潮麾下的士兵只当是张巡故技重施，又来骗箭了，谁也不去理会。

然而，这一次城上吊下来的却不再是草人，而是五百名货真价实的勇士。这五百名勇士趁叛军不设防，突袭令狐潮的大营。这时，令狐潮已经来不及抵抗了。几万叛军得不到指挥，只能四处逃散，一口气逃到十几里外才敢停下来歇歇。

令狐潮接二连三地中计，恨得咬牙切齿，重整旗鼓后又带领大军攻城。张巡派部将雷万春指挥作战。叛军见城楼上有一个将领，就放箭射去。雷万春在毫无防备之下，霎时就中了六箭。为了稳定军心，他强忍住疼痛，一动不动地站在原地。叛军见此，只道是张巡诡计多端，又放了个木头人来骗箭。

令狐潮从间谍处得知，中箭不倒的"木头人"乃是雷万春将军，不敢置信。他在城下喊话，要求与张巡一见。张巡登上城楼，只听令狐潮道："我见雷将军如此刚毅勇武，也知你们军纪严明，但你们不能不识天命啊！"

张巡闻言，冷笑道："你们这些人，连如何做人都不懂，还在这里说什么天命！"说罢，就令将士们出城进攻。令狐潮吓得掉头就跑，麾下的十几个叛将都让张巡将士活捉了。

> 张巡认为："贼兵精锐，有轻我心。今出其不意击之，彼必惊溃。贼势小折，然后城可守也。"虚虚实实，出其不意地反攻、偷袭，寻求机会主动出击。正是这种以攻代守的策略，才让他长期坚守孤城，歼灭大量叛军。

张巡射蒿识敌首

公元757年，安禄山麾下大将尹子奇，率领十余万大军兵临城下。张巡进驻睢阳城，协助睢阳太守许远守城。许远召集张巡和将军南霁云等人商讨对策，他道："诸位，城中的粮草、弓箭所剩无几，如今唯有速战速决，才能解睢阳之困。但叛军人多势众，兵力是我们的几十倍。即使他们只困不战，也能把我们耗死在这里啊！"

张巡道："擒贼先擒王。太守大人，我们杀了尹子奇，让叛军群龙无首，这是最好的退兵之计。"

神箭手南霁云道："只要能接近敌营，认出尹子奇，我就一定可以射中他！但现在的问题是，我们谁也不认识他，这该如何是好？"

张巡思索一番，道："我有一个法子……"

夜里，睢阳城中响起阵阵战鼓之声。城外的叛军以为唐军要出城突袭，于是通宵达旦地戒严，准备应战。可是一直到凌晨，鼓声都停了也不曾见一个兵丁出城。哨兵在搭起的飞楼上探察城中动静，只见城楼上一个人也没有。于是，尹子奇就下令兵士脱下盔甲休息。

当叛军睡得正香时，张巡和南霁云等十几个将领，各自率领几十个人，突然打开城门冲出来，一路冲进尹子奇的住处。叛军大营一片混乱，被杀死的士兵足有数千名。

张巡和南霁云等人已经来到主帅营前，尹子奇和几个部将率领附近军营的士兵与他们交战。谁才是尹子奇呢？南霁云拉弓搭箭，开始搜寻目标。旁边的张巡已经指挥同行的将领们射箭了，但他们所用的"箭"是由青蒿削尖后做成的，轻飘飘，不但射不远，就算射到人身上去也伤不到人，除非射到人脸上才能有些作用。

有叛军见唐军射来的箭几乎毫无杀伤力，就拾起箭打量，发现竟是青蒿箭。叛军赶忙跑到尹子奇跟前报告这一重大发现。尹子奇想，原来睢阳城中已经无可用之箭了！他正在狂喜，南霁云已判断出哪一位是尹子奇。他搭上真正的利箭，嗖的一声射去，正中尹子奇左眼。尹子奇哀号一声，跌下马。

趁叛军混乱惊慌之际，张巡等人一起杀去，把叛军营地杀成了尸山血海。尹子奇身受重伤，无力再战，只得下令撤军。

擒贼先擒王。两军对战时，如果敌军的主帅被擒获或者被击毙，对方就不战而败。这个道理也可以运用到日常生活中，解决问题时只要能抓住关键，解决主要矛盾，一切都会随之迎刃而解。

张巡机智退贼兵

叛军尹子奇围攻睢阳，守城将领张巡严阵以待，一次次击退敌兵。

叛军制造出一种用于攻城的云梯，十分高大，梯间略微弯曲，就像半个彩虹，可以容纳两百名士兵。攻城时，只要把云梯推到城墙边上，士兵就可以顺着梯子直接登上城头，发起攻击。

张巡了解情况后，便提前派人偷偷在城墙内凿了三个洞。

等到叛军攻城，云梯快要接近城墙时，张巡就派人从第一个墙洞中伸出一根大铁钩，钩住云梯，让它不能后退。然后，他又派人从第二个墙洞中伸出一根大木头，牢牢地顶住云梯，使它不能前进。与此同时，第三个墙洞出现的就是一个装有铁笼子的大木头，铁笼里盛着火种。火种点燃后，云梯立刻就被点着了，在烈焰的炙烤下，敌军士兵只能跳下云梯，狼狈逃走。

叛军又使用钩车，钩住睢阳城楼的栅栏，想借此攀上城去。张巡便让人在大木杆上安装连锁铁环，用它套住钩车的钩子，将其拔去。如此，钩车也无效。

叛军又改用木驴攻城，张巡指挥士兵，将烧得滚烫的铁水从城头倒下，顷刻间木驴就烧了起来，藏身于木驴腹内的敌兵也都死去。

叛军无法，便在城楼下堆积装满沙土的袋子和柴草，想要硬生生垒起一条登上城楼的坡道。

张巡看穿了敌人的计划，就派士兵趁着敌兵不注意时，偷偷往还在垒砌中的坡道上扔一些松树枝和干草。每天都扔，扔了十多天后，张巡看准风向，派人往坡道放火，坡道瞬间化为一条火龙，叛军的计划再次落空。

尹子奇畏惧张巡的智慧，一时间不敢再次进攻了。

> 《孙子兵法》中说："善攻者，敌不知其所守；善守者，敌不知其所攻。"善于防守的人，往往使敌人不知该如何进攻。张巡"兵来将挡，水来土掩"看似消极，却是"以不变应万变"，令敌人无从下手。

郭子仪单骑退敌

公元 765 年，曾担任大唐节度使的仆固怀恩教唆回纥、吐蕃背叛朝廷。大军浩浩荡荡向长安进军，一路打到长安北面的泾阳。长安危在旦夕，朝廷上下一片恐慌。

此时，郭子仪镇守泾阳，他手下只有一万多士兵，与敌军人数相差巨大。郭子仪下令坚守营地，不可与敌军交战。

营帐之中，郭子仪与将领们商量对策，就在他们一筹莫展之际，打探情报的士兵报告了一个大好消息："仆固怀恩暴病而亡。吐蕃、回纥已分开扎寨，矛盾不小。"郭子仪闻言心中一喜，回纥与吐蕃内讧，他决定将他们分化瓦解。

郭子仪派麾下大将李光瓒拜见回纥王，告诉他唐军愿意与之一同攻打吐蕃。回纥王听罢不敢置信："先前，仆固怀恩说郭公已为奸人所害，你没骗我吧？要是他还活着，你能让我见他一面吗？"

李光瓒将情况汇报给郭子仪，郭子仪沉吟半刻，对诸位将领道："眼下敌强我弱，难以靠武力战胜对方。以前，我与回纥有些交情，就由我去游说他们退兵。"

将士们担心他会遇到不测，建议挑选几百名精锐随行。郭子仪道："如此行事，不仅没有半点好处，还有可能把事情搞得更糟糕。"

见郭子仪前来，回纥人非常惊讶，回纥王走出阵营，弯弓搭箭立在军营前方。郭子仪从容自若，翻身下马，卸下刀枪盔甲，走向回纥军营。回纥王见状，也赶忙放下弓箭前去迎接。

郭子仪握住回纥王的手，道："你们替大唐立下汗马功劳，大唐对你们也不薄，为什么要背弃盟约，进攻大唐呢？"

回纥王原本就不想与大唐作对，听了这样一番话，答道："我们被那个仆固怀恩给骗了，他说皇帝死了，郭公您也被奸人害死了，所以我们才会与他一起攻打长安。"

"仆固怀恩那叛贼，一身骂名，如他这般不知廉耻，能鼓动你们做什么好事呢？"郭子仪道。

回纥王感到胆怯，道："郭公此言有理，我们怎敢与大唐作对？"

郭子仪见事情成了，内心喜悦，表面上却是丝毫不露，劝回纥王："吐蕃王毫无道义，趁大唐发生内乱就抢夺土地、财物。如果你们愿意和唐军结盟，一起击败吐蕃，大唐就把吐蕃抢走的东西全给你们，你们可要把握住机会啊！"

回纥王道："您的话让我茅塞顿开，我愿与唐军结盟，将功抵过。"接着，回纥王便设宴款待郭子仪，酒宴上，两人立下誓约，约定合作。

吐蕃王得知消息后，带着军队连夜就跑了。郭子仪派出军队与回纥兵一同追杀，将吐蕃军杀得片甲不留。不久之后，回纥也退兵离去，长安之危就此解除。

> "分而化之"即将原本凝聚在一起的力量——分解，然后各个击破。当对手很强大时，找到对手内部的矛盾，分而化之也不失为一种好策略。

郭子仪坦荡避嫌疑

郭子仪的宅院位于京都亲仁里，府门长年大开，任凭人们随意出入不查问。他麾下将官们前往藩镇任职时，都会前来辞行。如果正逢郭子仪的夫人和女儿在梳妆，这些将官们就会被支使着递手巾、打洗脸水，就如同仆从一般。

后来，家中子弟都劝郭子仪不能这样行事，郭子仪不听。子弟们接着劝，说到动情处竟痛哭流涕，他们道："大人您功勋卓著，但却不自重，不论贵贱，什么人都能出入您家人寝居之所。就算是如伊尹、霍光这般德高望重、名垂青史的大臣，也没有这么做的。"

郭子仪笑道："我这么做的用意，你们是想不到的。朝廷给我们家五百匹马的粮草，一千人的伙食费，我的官位也升到最高，不能再升了，就是想隐退避祸也不可能。要是我们家高筑院墙、看好门户，让内外不相通，一旦有人想要陷害我们，就会编造许多我们家的罪状，要是让这些人陷害成功，我们家九族都会被诛灭，到时候再后悔就晚了。现在家中什么也不遮掩，府门大开随便出入，即使有人想诬陷，也找不出由头来！"这番话说得家中子弟个个叹服。

> 同样是避祸，比起萧何、王翦的自污，郭子仪就要高明许多了。

李光弼地道之战

唐肃宗至德二年（757年），太原守将、河东节度使李光弼迎着刺骨寒风，心里却急得像个热锅上的蚂蚁——刚把主力军队都派去支援朔方，叛将史思明、蔡希德就率领十万大军来攻城了。现如今城内兵力不足一万，该如何抵挡呢？

有人提议修筑城墙抗敌，李光弼道："太原城方圆四十里，等叛军快到了才想起修筑城墙，不过是空耗人力罢了。"

叛将史思明也在想如何攻城，他想出了一条计策。史思明命令部下在城外搭建飞楼，盖上木板作为遮掩，临城筑起一座土山，想先登上土山，再攻入太原城。

李光弼原本还毫无头绪，但他一见叛军筑起的土山，心中就有了计策。他命令手下将士从城内挖地道，一直挖到城外，把土山下面全部挖空。

唐军的行动，史思明毫无察觉。这天，他在营地中摆酒设宴找乐子，歌舞、杂耍轮番上场，众人看得频频叫好。这时，李光弼派来的人走出地道，悄悄靠近戏台，迅速捉走了台上的戏子。

史思明见状，惊慌异常，他赶忙离席，把将军营帐搬到其他地方。因为这件事，史思明全军上下个个都胆战心惊，走路时都要瞪大眼睛盯着地面，生怕一脚踩进敌人挖的地道中。

另一边，李光弼暗地里有条不紊地部署着，他指挥士兵在叛军军营的地下挖好地道，然后用木柱支撑，防止地道坍塌。

准备妥当后，李光弼派人求见史思明，道："太原城内已经没有物资了，我们支撑不住，请您允许我们投降吧！"

史思明只觉得喜从天降，道："好，识时务者为俊杰啊！"

到了定好的受降之日，史思明全军上下无心戒备，纷纷涌出来看受降仪式。李光弼表面上派将领率众投降，暗地里却派人抽掉敌营下方地道中支撑的木柱。

叛军士兵正笑嘻嘻地看着热闹，脚下的土地突然塌陷，一下子死了上千人。片刻之后，李光弼麾下将士在太原城楼上击鼓呐喊，铁甲骑兵如风一般冲向敌营。

一场恶战之后，唐军俘虏和斩杀敌军数万人，史思明带着残兵落败而逃。

"见招拆招，无招胜有招。"等待敌人暴露出自己的弱点，见招拆招，把握战争主动性，就是"无招胜有招"。

李光弼用母马引马，振士气

河阳之战中，李光弼率军退守河阳，抵御史思明大军进攻。

史思明率领大军到达河阳后，先派出骁将刘龙仙在河阳城下挑衅唐军。刘龙仙自恃武艺过人，丝毫不把唐军当回事，他一只脚搁在马鬃上，大声唾骂李光弼。

李光弼见刘龙仙行事如此嚣张，问手下诸将："你们谁愿意出战，杀死刘龙仙？"大将仆固怀恩向李光弼请战。李光弼担心仆固怀恩会受伤，不允。有将领推荐小将白孝德，李光弼派人找来白孝德，问："你是否敢去迎战刘龙仙？"白孝德请求出战。

李光弼又问："你需要带几个人同行？"

白孝德道："我一人足矣。"李光弼对他的勇气表示欣赏，决定派出五十人在城门接应，然后下令由他出城迎战。

白孝德双手各持一把长矛，策马奔向刘龙仙。刘龙仙见只有白孝德一人，不以为意。等白孝德行至近前，刘龙仙准备搭弓射箭。这时，白孝德忽然摆了摆手，表示不和他打仗。

刘龙仙摸不着头脑，就索性放下弓箭。白孝德行至与刘龙仙相距十步远的地方，假意与他攀谈。刘龙仙压根就没把白孝德放在眼里，依旧骂骂咧咧。

白孝德道："我，白孝德。"

刘龙仙冷哼一声："白孝德，这是哪个猪狗的名字，听都没听过！"

白孝德暴喝一声，运矛跃马朝着刘龙仙杀去。见白孝德出手，唐军就开始呐喊，给白孝德助威。二人相距太近，刘龙仙不好射箭，只能掉头逃跑。白孝德策马狂追，终于将刘龙仙刺死。刘龙仙的首级被带回河阳，唐军上下士气大振。

史思明见唐军士气高涨，不利于攻克，便想了一个打压对方士气的办法。

史思明将手下的千匹好马集中起来，每日清晨都在黄河对岸放马，以此向唐军显示自己兵强马壮。

李光弼知道，这样下去全军上下必然士气日颓。他观察敌情，发现史思明的马大多是公马，登时灵光乍现，想出一条妙计。他命士兵找来五百对母马和小马驹，史思明的马一到黄河对岸，就把这些母马放出来。史思明的公马一见母马，纷纷被吸引，朝着母马奔去，与之嬉戏。叛军见唐军只敢放些瘦弱的母马出来，都心生不屑，任由自己这边的骏马和母马在河中玩耍，甚至还想着要把唐军主动放出来的母马牵回军营邀功请赏。

李光弼见时机成熟，当即命士兵去马厩中哄赶小马驹。小马驹本就因母马不在而躁动不安，再被士兵一哄赶，全都嘶叫起来。

河里嬉戏的母马听到孩子的嘶叫声，纷纷掉转方向，一边嘶叫回应，一边朝着城内奔去。叛军的公马见母马头也不回地跑了，也跟着一起跑。这一出让叛军士兵措手不及，他们想要拦住马匹，但已经迟了，脱缰的公马哪里是他们能拦住的。不一会儿，上千匹战马渡河上岸，跟着母马一起被唐军赶入河阳城。

叛军骤然损失上千匹良马，元气大伤，而唐军士气大振，成功抵御了叛军的猛攻。

> 李光弼把"异性相吸"的原理运用到战马上，一招"美马计"，将战争局势瞬间逆转，可谓是出奇制胜的典范。

李光弼招降二番将

唐朝时，史思明屯兵河清，想要阻断大唐将领李光弼的粮草供应。李光弼获悉敌情，陈兵于野水渡，严阵以待。

晚上，李光弼回到河阳，命雍希颢带领一千多名士兵守卫野水渡，还道："贼将高庭晖、李日越都是力敌万人的悍勇之士，你们一定要坚守不出，避免与他们交战。但如果他们前来投降，可以带他们来见我。"众将官只觉得他在胡言乱语，纷纷暗自窃笑。

不久，史思明对李日越道："李光弼擅长守城作战，今天他把军队迁移到郊野，正是生擒他的好机会。你立刻带上五百骑兵，把他给我抓回来，要是抓不到就不要回来见我。"

次日，李日越率领五百骑兵来到野水渡，大声喊道："李司空在吗？"

雍希颢回道："我们元帅昨天晚上就已经离开营地，回城去了。"

李日越闻言心中叫苦："我要是用雍希颢代替李光弼，回去后史思明一定得把我大卸八块，我还是跟着李光弼混得了。"于是就与雍希颢一同去见李光弼。李光弼待之如心腹，礼遇非常。高庭晖听说李日越很受李光弼器重，也干脆投降了。

有人问李光弼："您是用了什么计策，这么容易就让二人归降？"

李光弼答道："史思明总是埋怨说没有机会与我在野外交战，听说我率军前往郊野，一定想要抓住机会生擒我，李日越抓不着我，不敢回去向史思明复命，就只有投靠我了。高廷晖的才干在李日越之上，他听说李日越归降后备受重用，一定不甘心，想要取而代之，所以也会归顺。"

> "料敌制胜"指准确判断出敌军的情况，采取相应措施战胜敌人。李光弼料敌于先，兵不血刃算来敌军两员大将，可见其智谋过人。

李愬让鹅鸭参战

唐宪宗元和十二年（817年），唐、随、邓三州节度使李愬，决定趁着雪夜突袭盘踞蔡州（今河南省汝南县）的叛将吴元济。

北风呼啸，鹅毛大雪在狂风中飞舞。大军冒着严寒，半夜疾行至蔡州城郊。李愬正要下令加速往城门奔去，却突然想到一个大问题："自己带了足足九千多号人马，动静一定不小。一旦让城里的敌军听到，岂不是功亏一篑？"

时间一点点过去，李愬想了半天也想不出补救的法子，将领们都焦急地盯着他。

突然，李愬听到有人在说："哎呀，这里的池塘可真大啊，养了这么多的鹅鸭。"李愬茅塞顿开，他双手一拍，道："天助我也！今天合该让这鹅鸭们都参战，以壮我大唐军威！"他立刻派出一队士兵，每人举着一根木棍，探进池塘一通乱打。正昏昏沉沉、半梦半醒的鹅鸭被打得生疼，忍不住扑扇着翅膀放声大叫，一时间声响震天。李愬挥手，示意九千多人马继续往蔡州城行进。

行军嘈杂的声音被鹅鸭声淹没，大军在一声高过一声的鹅鸭叫声中顺利到达蔡州城下。雪越来越大，李愬带着精锐士兵攀城墙而上，杀死守门的士兵，开启城门。大军长驱直入，杀进了吴元济的外宅……

等到天亮雪停，城中百姓打开房门，看到街巷中满是官兵，才知道蔡州已经被攻下。吴元济怎么也想不到李愬眨眼之间就杀了过来，等不到援军救援，他只好投降。李愬将吴元济押回京师问罪，蔡州百姓又过回了平静的生活。

> 《三十六计》有云："备周则意怠，常见则不疑。阴在阳之内，不在阳之对。"所谓瞒天过海，就是把秘密掩盖在公开的事物之下，而不是与公开的形式相对。

李神福画地退敌

唐僖宗中和四年（884年），陈儒率兵攻打舒州（今安徽省潜山市）。陈儒仗着人多势众，令麾下的精兵强将直接猛攻，箭密如蝗，射向舒州城头。城楼上，惨叫声不绝于耳，时有兵将坠下城楼。舒州守将一看这城是要守不住了，连忙派使者快马加鞭从后城溜走，前去庐州求援。

庐州刺史杨行愍收到消息后，心中犹豫："陈儒来势汹汹，但我这边也没有多少援兵可以派出，真是棘手啊！"

他背着双手左右思忖，突然想起一人："来人，去请部将李神福来，他足智多谋，一定能想出计策。"李神福前来了解情况后，就向杨行愍献上一计。

当天，李神福乔装打扮，抄小路潜入了舒州城。入城后，李神福做了一系列的部署。他让城内的部分舒州兵更换上庐州兵的旗帜，排成整齐的队形，假装是庐州援军。

李神福领着这支假援军出了舒州城，突然杀入陈儒军队的腹部，双方展开一场激战。陈儒闻讯心里一沉，暗道自己用兵没有考虑全面，庐州果然出兵救援了。

陈儒亲自奔到阵前，观察敌军动静，想要摸清对方的底细再做决定。

李神福仿佛压根没有看到敌军首领前来查探，他镇定自若，举起双手，在地上有模有样地比画，就像是在做部署，准备大战一场似的。

陈儒见此，不禁越想越心虚，越想越忐忑，最后竟然带着装备精良的大军连夜撤离了。

> 正所谓兵不厌诈，用兵作战从不排斥用欺诈的手段来战胜敌人。对战双方，一方行动就一定会引起另一方的反应。只要善于混淆视听，扰乱敌人的判断，那么弱势一方也能反败为胜。

王处存披羊皮计

光启元年（885年），卢龙节度使李可举派遣麾下大将李全忠，兴兵攻打河中节度使王处存。

王处存的驻地易州（今河北易县）虽然固若金汤，但还是拦不住李全忠手下的裨将刘仁恭。刘仁恭避开正面交锋，率领士兵挖掘地道，借助地道偷偷潜入城中，一举攻占易州城。

王处存防不胜防，只能舍弃易州城，迅速带领麾下兵将败走。撤出易州城后，王处存一直在附近窥伺，日日派探子前去刺探易州城内的军情。

李可举的大军占领易州城之后，在城内为非作歹，肆无忌惮。士兵们整日烂醉如泥，寻衅滋事。将领在青楼寻欢作乐，不回军营。打家劫舍、抢人抢钱的不在少数。易州城内，怨声载道。

王处存知晓后，心中的喜悦按捺不住："李可举治军不严，这是纵兵成患了！这般轻敌懈怠，岂不是天赐良机，好教我夺回易州？此时就是我夺回易州的最好时机。"他对心腹下令："马上去找羊皮，到我军大显身手的时候了！"

王处存挑选出三千名精兵，每个士兵身上都覆盖着洁白的羊皮。转眼间，一个个披坚执锐的将士变成了一只只"羊"。

临近傍晚，天色渐黑。王存处下令："出发！""羊群"爬着前进，慢慢靠近了易州城。李可举麾下的将士一看城外来了一大群羊，个个惊喜非常，一窝蜂地涌出城，朝着羊群奔去。他们想要捉羊回城，大饱口福，丝毫没有设防。

当他们马上要接近"羊群"时，"羊"突然站直身子，拿出随身刀剑就是一阵砍杀。李可举的兵士被这番变故吓得惊慌失措，当即被杀得片甲不留。

兵败如山倒。李可举的将士狼狈逃走，王处存顺势发起进攻，最终夺回了易州城。

> 瞒天过海为《三十六计》第一计，形容用伪装的手段暗中行动。"备周则意怠，常见则不疑。"人们在面对习以为常的事情时，常常会失去警戒，这就是出奇制胜的好时机。

吴权借潮歼强敌

后晋高祖天福三年（938 年），南汉王刘龑令儿子刘弘操担任先锋官，火速前往交州（今广东省）援救矫公羡。

原来，交州守将矫公羡杀害了安南节度使杨廷艺，篡位夺权，引得杨廷艺旧部满心怨恨，交州军上下摩擦不断。不久之前，杨廷艺旧将吴权起兵讨伐矫公羡，两军于交州交战。由于矫公羡平日对将士非常刻薄，因此，饱受压迫的矫军将士纷纷临阵倒戈。

矫公羡无计可施，只好派使者重金贿赂南汉王刘龑，求他出兵救援。刘龑手握南汉，早就对交州垂涎，只是苦于师出无名，现在有了现成的借口岂有不应？当下就派出儿子刘弘操担任先锋，名正言顺地出兵交州，刘龑自己则亲自统率大军紧随其后。

崇文使萧益忧心忡忡地劝刘龑："王爷，如此仓促行军，是否欠缺考虑？海上行军不比陆路，路途遥远，风雨难料。且吴权此人素来狡诈，我军千万不能轻敌冒进。大军行进，还是得多用向导，接引行军。"

"现在哪还顾得了这些？别说这些有的没的了。"刘龑皱眉，不许萧益说下去，他心意已决。

刘弘操率领先锋船队赶至交州湾入口处，遭遇几只吴权麾下的小船前来向南汉军挑战。刘弘操见状下令全速进军。那几只小船见南汉军船队开进交州，掉头就跑。南汉军紧追不舍，企图将其全部歼灭。

南汉军深入交州湾时，海水却开始退潮了。吴权麾下的小船轻轻松松就划走了，南汉军的战船却难以挪动。就在南汉军想要掉转船头时，船底忽然触碰到硬物，一时间动弹不得。

片刻之间，藏匿于四周的吴权军纷纷现身，呼喊着朝南汉军杀去。南汉战船在吴权军的大举进攻下，几乎只能挨打，大半士兵落水而死，刘弘操也在水中被杀死了。

原来，吴权早就料到南汉军会来，就根据海水涨潮、落潮的规律，在海湾处设下铁尖木桩阵，故意用轻便小船诱敌深入，最终大获全胜。

> 孟子曰：天时不如地利，地利不如人和。而吴权利用潮汐规律，占尽天时、地利、人和，使战局完全倒向自己。

尉迟敬德脱衣辩解

一日，李世民笑着询问尉迟敬德："有人上书揭发你，说你要谋反，是吗？"他本以为尉迟敬德会赶紧否认，或者辩解一番，这样他就能够借机展现一下自己身为帝王的大度。

没料到，尉迟敬德应声而答："有这回事，我也听说我想造反了。当年追随陛下南征北战，落下了满身伤痕。现在天下太平，就开始怀疑我想谋反吗？"说罢，尉迟敬德就脱光衣物，露出满身疮疤。

这下换成李世民尴尬了，他赶紧安慰："你看看，怎么还是这么个脾气。就是因为相信你，才当面跟你说这事。"

李绛预测魏博事

唐宪宗时，魏博节度使田季安离世，他的儿子田怀谏年纪尚小。李吉甫见此，便建议唐宪宗出兵讨伐。李绛则认为不必对魏博用兵，他们自然会选择归顺朝廷。

李绛的理由是，他发现两河藩镇军队分属不同的将帅，这是因为怕一人权势太重，易生叛心。如此，那些将领旗鼓相当，难以互相兼并。他们也不能结盟，因为各有异心。要是想单独起兵反叛朝廷，则兵力太少，独木难支。于是，这些气焰嚣张的藩镇，就这样在微妙的平衡下生存下来了。

李绛由此认为，只有出现一个能力突出又忠心不二的主帅，才有可能解决藩镇长期割据的问题。现如今怀谏年幼，不可能掌权，大权必定旁落。到时候，各支军队的待遇必定不一，他们之间定会相互攻伐，田氏不是起事中被诛，就是被下属囚禁，何须朝廷出兵？只要朝廷按兵不动，养精蓄锐，下令各道准备好兵马，随时听候调遣即可。魏博的人见此，用不上几个月就会前来投效。届时，朝廷抓住机会，立刻用爵禄来奖赏这些人。其他藩镇也会变得恭敬顺从。

果然田怀谏年幼弱小，家僮蒋士则代替他处理军政大事。蒋士则做事全凭个人喜恶，引起众怒，众人打算拥立田弘正。田弘正闭门不出，士卒便在府外吵嚷。

田弘正出来，士卒便把他围在中间跪拜，请求田弘正来统率部队，田弘正被吓得倒在地上。双方僵持许久，田弘正知道躲不了了，便对众人道："你们肯服从我的命令吗？我决定将魏博的户籍文书上交朝廷，请朝廷接管此地。在皇帝下诏书之前，要求我做节度使者，以及杀人抢掠者，斩首！"三军将士都愿意听从。魏博监军向朝廷报告此事，唐宪宗立即召李绛道："你对魏博的预测，全部成真了。"

李吉甫又提议先派遣个使臣去安抚，探察好情势再说。李绛道："不可，朝廷要抓住这个机会，及时给他们真诚的安抚，主动给予丰厚的赏赐来拉拢田弘正。如果只是先派使臣去说些空言安抚，再由他们自行上表请求朝廷任命，然后朝廷应允，那恩泽就是出于将帅，而非陛下。"唐宪宗欣然采纳，立即下诏册封田弘正为魏博节度使。诏令传到魏州，田弘正激动落泪，全军上下无不欢欣鼓舞。

李绛又道："请您拨出一百五十万缗赏赐给他们。"

宦官们觉得支出太多，李绛劝道："田弘正不贪图割据一方的好处，也不畏惧四邻攻击的危险，毅然归附，陛下怎能吝惜钱财，因小失大，错失笼络一道（行政区域）人心的良机呢？假如国家出兵十五万攻取六州，就算一年可以成功，那花费的钱财又岂止一百五十万缗？"

唐宪宗闻言高兴道："朕整日缩减用度，储蓄钱财，不就是为了平定四方吗？"于是立即派使者前去犒赏魏博将士。于是，全军上下欢欣鼓舞。

其他地方的使者见此，皆叹息道："我们强硬地对待朝廷，又能获得什么好处呢？"

> 一步想十步既是聪明人的能力，也是聪明人的习惯。他们往往能够做出正确的判断，通过眼前的、局部的情况做出合理推测，让自己的决定正确。

李晟上奏戒吐蕃

唐德宗年间，吐蕃的尚结赞请求与大唐议和，并要求由浑瑊担任会盟使者，他假意道："浑侍中忠诚守信、老实忠厚，在我们这边也是贤名远扬，一定要请他来主持这次会盟。"唐德宗应允。

浑瑊离开长安时，李晟提醒他，在会盟的地点一定得加强戒备。张延赏见此，对唐德宗道："李晟就是不想让会盟顺利进行，才要浑瑊加强戒备。一旦我们表露出怀疑吐蕃的迹象，吐蕃也难以信任我们了，如此会盟哪有成功的可能呢？"于是，唐德宗命令浑瑊满怀诚意地对待吐蕃，不要让他们产生疑虑。

不久，浑瑊奏报唐德宗："吐蕃决意于辛未当日缔结盟约。"于是张延赏召集百官，将浑瑊的表章传给大家看。李晟见此，只能在私下哭道："我于西部边境长大，很了解吐蕃的情况，请求警惕吐蕃，是担心朝廷被狡诈的外族欺骗啊。"

会盟之日还未到，吐蕃就埋伏了数万精骑于盟坛西边，浑瑊等人半点也没有察觉。等到浑瑊走进帐幕换礼服时，忽听见吐蕃士兵击鼓三声，呼喊着冲杀而来。浑瑊从帐幕后逃出，偶然看到一匹马，赶紧骑着逃离，唐军也都四散逃开。在吐蕃士兵的追击下，许多士兵都被杀、被俘。

结盟当日，德宗还对群臣说："如今能与吐蕃议和，是国家的福祉。"大臣们纷纷附和。

宰相柳浑却道："吐蕃犹如豺狼，不是盟誓就能讲和的，今日之事，臣非常担忧。"李晟也赶紧赞同道："臣与柳大人一样，非常担忧。"

唐德宗不悦，大怒道："柳浑一介儒生，不懂边境之事，李晟你怎么也跟着他说这种话？"

当日稍晚时候，吐蕃在会盟之地袭击的消息传来，唐德宗大惊失色。次日，唐德宗对柳浑道："你只是个儒生，怎么料敌能这样准确！"

> 不要轻易被对方伪装出来的假象迷惑，适当地参考对方以往的行为还是很有必要的。

段秀实平祸乱

永泰初年，唐代宗命马璘担任四镇行营节度使，兼任南道和蕃使。之后，马璘奉命转到泾州任职，段秀实代理他的职务，安排大军随同迁移。然而，当地的士兵都曾从四镇、北庭奔赴中原，他们南征北战，辗转各地，大多满腹怨言。

将领王童之趁机煽动将士叛乱，有人将此事报告给段秀实，道："王童之等人已经约定好，以打更的鼓声为号，在黎明时分发起叛乱。"

段秀实闻言，便找来打更人，故意对其大发脾气，斥责他打更的时间不够准确，还要求他："每次快要打更的时候，一定要来向我汇报。"

而每当打更人来找他时，段秀实又借机责怪他时间把握不准，每每拖延许久才击鼓。于是，打更人打完四更天就亮了。等待叛乱的人都非常意外，可他们之间也无法联系，便不敢轻举妄动。叛乱的计划就这样泡汤了。

第二日，告密的人又告诉段秀实："今夜他们将去草场纵火，约定借救火之机发起叛乱。"段秀实于是派人多加戒严。半夜，草场果然起火，段秀实直接下令："前去救火者，斩！"

王童之请求前往救火，段秀实不允。次日，段秀实将王童之处死，将其同党斩首示众，道："谁敢磨蹭不迁移，就全族处死！"之后大军顺利迁往泾州。

颜真卿提防安禄山

颜真卿担任平原太守，平原正是安禄山的辖区。安禄山谋反之心已经人尽皆知，却依旧被皇帝信任。颜真卿为了防范安禄山反叛，又需要避开安禄山的监视，只能以下雨为借口，疏通护城河，并暗中派人筑高城墙，招兵买马，积蓄粮草。颜真卿平日里仍旧与文人墨客饮酒作诗，安禄山见此便以为他是个无用书生，不值得警惕。

次年，安禄山假称奉皇帝诏书，讨伐奸臣杨国忠，于范阳起兵反叛。因为大唐很久没有经历过战争，大多数官吏根本无法应对。于是，安禄山反叛顺利得出乎所有人的意料，仅用二十三日就横渡黄河，一路攻到长安的最后一道防线潼关。此时，河北二十四个郡县，二十三个都沦陷了，只剩下颜真卿负责的平原城还防守严密，坚守城池。唐玄宗得知此事后对群臣道："我不知道颜真卿的才干人品，他做事情竟如此出色！"

> 冯梦龙指出："小寇以声驱之，大寇以实备之。或无备而示之有备者，杜其谋也。或有备而示之无备者，消其忌也。必有深沉之思，然后有通变之略。"遇到强大的敌人，就必须保证有坚实的武力来应对，还要多加掩饰，使其放下警惕。

段秀实闯营平乱

唐代宗广德二年（764 年）十一月，郭晞跟随父亲郭子仪抗击吐蕃，驻军邠州。

郭晞在此之前就战功赫赫，常常居功自傲。父亲郭子仪在眼前时，他不敢放肆。但有一次，郭子仪入京办事，郭晞便纵容手下将士滋扰百姓。节度使白孝德不敢伤了郭子仪的颜面，索性当作不知道。

大将段秀实负责军务军纪，他也得知了郭晞纵容兵士作恶的事情。郭晞手下有士兵十几人去酒坊抢酒，他们将酿酒师傅打伤，损坏酿酒工具若干，行事猖獗、气焰嚣张。

正当这些士兵在酒坊内喝得迷迷糊糊时，段秀实派来的队伍包围酒坊，将这群士兵抓了起来。段秀实下令将这些违反军纪的士兵押至郊外砍头，头颅挂在闹市示众。

郭晞的部下们听说兄弟被杀，愤恨不已，他们拿上武器就准备去找段秀实算账。

段秀实只身前往郭晞营地，道："郭子仪元帅是举世闻名的功臣，天下百姓尊重他就如同尊重自己的父亲。你是郭元帅之子，本该注意维护父亲的荣誉。但你却放纵士兵生事，这是违反军纪，要受惩处不说，还是往你父亲的脸上抹黑啊！老百姓知道这件事会怎么想？你父亲知道了该如何自处？陛下知道后又会如何想？郭元帅一世英名，就要被你败坏了！"

郭晞听罢，赶紧拜倒行礼，道："你如此爱惜父帅的声誉，又愿意当面指出我的过失，你就是我郭家的恩人，我一定听你的话。"旋即，郭晞命令士兵回到各自的岗位上，还留段秀实在营中过夜。

敢于只身赴会的人，在历史上不在少数。这非但不会使自己看起来势单力孤，反而显得格外有勇气与底气，从气势上就能压倒对方。

高仁厚巧用间谍

唐朝时，镇守邛州的副将阡能叛变，侵扰四川，朝廷下令高仁厚率军讨伐。

发兵前一天，一个小贩来到营中卖面，形迹可疑，被士兵抓住审问，发现是阡能派来的间谍。

高仁厚命人将小贩松绑，问他："你为什么要来做间谍？"

间谍回答："我是附近村落的百姓，阡能抓走了我的父母妻小，逼迫我当间谍，说只要能探得情报，验证属实，就把我的家人放了，否则就把我全家都杀了。我是不愿意做这种事情的。"

高仁厚道："我相信你说的是真的，我可以不杀你，把你放回去，帮你救回父母妻小。但你要回去告诉阡能，我们明日发兵，但人数不多，只有五百上下。"间谍自然愿意。

高仁厚又道："既然你全家性命都是我救的，你就该帮帮我。你悄悄对阡能营中的人说：高元帅知道你们都是善良百姓，是被阡能胁迫的，元帅愿意帮助你们摆脱困境。等元帅率军前来，你们就把兵器扔下，大喊投降。元帅会派人在你们的背上做标记，将你们遣送回乡，重操旧业。元帅想杀的只有阡能等五个叛党而已，不想殃及无辜。"

间谍道："这都是我们百姓的愿望，元帅知道我们的苦衷，愿意赦免我们，哪个不乐意听从元帅吩咐呢？"高仁厚便将人放走。

次日，高仁厚发兵，阡能听说高仁厚即将抵达，便派遣罗浑擎在双流地区设置五个营寨，另外在野桥箐布下一千伏兵，准备迎战。

高仁厚探听到阡能的计谋，就派士兵偷偷混入敌营，暗中散布高仁厚曾告诉间谍的那番说辞。阡能手下的士兵听说可以被无罪释放，返回家中与亲人团聚，纷纷大声欢呼，丢下手中的武器投降。高仁厚亲切地慰问投降的士兵，派人在其背上写上"归顺"二字，还让他们去劝说没有投降的人，于是剩余的士兵也都投降了。罗浑擎大败而逃，被擒住。高仁厚将其押送至督府，将敌军的五个寨子焚毁。

第三日清晨，高仁厚又对降兵说："我原本想将你们立刻送回家，但无奈前面各个寨子的百姓并不了解我军的政策，我想请你们做先锋，将你们背上的字亮给叛军看，将我的话——告知，等我军抵达北边的延贡，你们就能回家了。"于是，他将叛军军旗倒挂，每五十人编为一队，每队发一面军旗，让他们走到军队前面，挥舞旗帜高呼："罗浑擎已被活捉，官兵马上就到，营寨里的兄弟们，快和我们一样投降吧！投降了，马上就能做回良民，平安回家。"

官军一路行进，叛党麾下的将士得知朝廷愿意既往不咎，纷纷放下武器投降。就这样，官军一连攻克十几个敌军营寨，将收缴到的敌军物资用来犒劳投降的将士们，优厚的待遇传遍阡能营中。

阡能想要与官军决一死战，谁知朝廷大军一到，士兵们便争相冲出营寨投降，他本人也被自己手下的士兵抓住献给高仁厚。

> 《荣枯鉴》中称高仁厚是"以奸治奸，歼灭自安"，他先将敌人派来的奸细化为己用，利用他去鼓动大批的敌人投降，接着对投降的人优待有加，使得二十四个敌营军寨望风而降。

高仁厚智斩副帅

唐朝时，朝廷命高仁厚为帅，杨茂言为副帅，统兵前往东川征讨叛将杨师立。大军与杨师立的部将郑君雄交战。

当夜，郑君雄出兵偷袭副帅营寨。杨茂言毫无防备，仓促落败，率兵溃走。其他军寨的将官见副帅已经弃寨逃跑，便也纷纷效仿。叛军于是势如破竹，直逼主帅高仁厚的营寨。

高仁厚见敌军突至，其余各寨已人去楼空，于是下令将中军大门敞开，点燃火把，将营地照得亮如白昼。他亲自率领士兵，兵分两翼，设伏在寨内大道两侧。

敌军见寨门大开，亮如白昼，寂静无声，不禁怀疑有诈，不敢入内，赶紧退兵离去。高仁厚见敌军要跑，便一声令下，伏兵从敌军后方杀出。敌军背后受袭，猝不及防，大败而逃。高仁厚见天色漆黑，禁止士兵追击，收兵回营。

高仁厚见逃跑的人数目众多，按照军法都应该被处死，但以副帅为首，那些逃走的人全都没有回来。高仁厚秘密找来张诏，告诉他："这事要由你出面，赶紧派数十人快马加鞭去追逃跑的将士，就和他们说'幸亏高主帅当时并没有进入各寨查看，不知诸位弃寨出逃。不妨赶紧回来，各归各位，明日一早赴中军帐内，照常参见主帅，无须担忧'。"张诏依计行事。

张诏是一位忠厚的长者，出逃的人都相信他的话。他们都返回营寨，只有副帅杨茂言的马跑得远，士兵好不容易才赶上他，把他劝回去。高仁厚在中军帐内，闻到各寨鼓声如常响起，高兴道："全部都回来了！"

次日一早，各寨众将齐聚于中军帐内，状若无事地拜见高仁厚。结束后，高仁厚突然对杨茂言发难："听说，昨夜杨副帅身先士卒，带着众将士逃跑了，还逃在最前面，可有此事？"

杨茂言没想到主帅会突然询问此事，狡辩道："昨夜，我听说敌军出兵攻打中军，主帅已经离寨出走，我便也策马去追您。后来得知是信息传递错误，我就又立刻回来了。"高仁厚闻言怒斥："我与你同样是受命于天子，率兵讨伐叛贼的。如果是我先逃走，你就应该杀了我，代理主帅的职务。

如今，你身为副帅，却率先逃跑，还想欺瞒本帅，该当何罪？"杨茂言理屈伏罪，颓然道："当死。"

高仁厚命人将副帅推出斩首，昭告全军。帐中诸将见高仁厚连副帅都杀，都感到惊恐，纷纷请罪。高仁厚心知法不责众，便痛加斥责，免除他们的死刑。经过这件事，这些将领每当遇到敌人必定是拼死一战，再也不敢做出弃寨而逃的事情了。

杀一儆百本义是处死一人，借以警戒众人，也泛指惩处、批评一人以警示众人。杀一儆百可以用来加强政策的威慑作用。部队的指挥官必须做到令行禁止，必要时杀一儆百，震慑全军以严明军纪。

马燧单骑降服徐廷光

唐德宗当政时，马燧奉命出兵征讨叛将李怀光。当时，李怀光的部将徐廷光据守长春宫城（位于今陕西大荔县朝邑镇）。马燧心知如果不能一举攻破长春宫，李怀光就会坚守城池，与他们打持久战。长春宫布防严密，强攻不仅耗时长，造成的伤亡也必然很多。

马燧想出一个计策，他一人来到长春宫城下，喊守将徐廷光出来相见。徐廷光畏惧马燧，便在城头上向马燧行礼。

马燧见此，推断出徐廷光已有屈服之心，劝道："你们这些朔方将士，自从安禄山掀起叛乱以来，为朝廷立下汗马功劳，为何突然做出这种大逆不道，足以株连九族的事情呢？只要你们肯听我的话，不仅能免去杀身之祸，还能得到富贵。"

城中的将士将信将疑，大家都没有说话。徐廷光以及他麾下的将领们，在安史之乱时驻守在朔方，是郭子仪麾下的精兵良将，平定叛乱的主力军，甚至曾与马燧一同征讨田悦。但可惜的是，李怀光难以忍受卢杞等奸臣，出言不逊，受到唐德宗猜忌，只能起兵叛出朝廷。但他们中仍有不少人是心向朝廷的，马燧这番话使城中众人忍不住热泪盈眶。

马燧停了片刻，话锋一转道："为什么要抛弃勋业，背叛朝廷，选择一条死路呢？"马燧说出这话是有理由的，昨天他已攻下焦离堡，断绝了徐廷光的撤退之路，只要徐廷光不想死守到底，投降就是他最好的选择。

马燧见城楼上还是毫无反应，便再接再厉："难道你们以为我是在欺骗你们吗？现在，我与你们不过相距数步之远，你们大可以用弓箭将我射死，拿去邀功。"说罢，便将胸膛露出给敌人看。

城楼上的将士终于不再犹豫，长春宫的城门被打开。徐廷光在城楼上喊话："马将军，请进城说话！"

马燧整理好衣裳，就要驱马入城，和马燧同行的浑瑊提醒道："马将军，小心其中有诈！"马燧看了一眼还站在城楼上的徐廷光，道："无须担心，我去去就回。"

眼见马燧单枪匹马进入了戒备森严的长春宫，徐廷光感受到了久违的来自朝廷的信任。就在他感动之际，城内突然响起阵阵喧哗。城内的徐廷光与城外的浑瑊以为是士兵哗变，杀死了马燧，都大惊失色。仔细一听才知是士兵们在高呼："我们是大唐的子民！"

于是，马燧兵不血刃地拿下长春宫，之后一路势如破竹，仅用二十七天就将李怀光的叛军彻底击败。

> "攻城为下，攻心为上。"马燧的成功，得益于一步步稳扎稳打地推进，已经为围城做好了充分准备，更得益于他把握住了守城将士的心理，每一句话、每一个举动都触动了他们的内心。

李愬巧用敌将

李愬奉命前往淮西前线，他的对手是淮西节度使吴少阳之子吴元济。吴氏父子在蔡、申、光三州经营长达三十余年，尤其是吴元济的大本营蔡州，三十余年来，朝廷竟没有一兵一卒能够抵达蔡州城下。此番，吴元济想要承袭父亲的节度使之位，遭到朝廷否决，于是公然与朝廷对抗，打退无数前来征讨的官兵。

李愬行军至马鞍山，正好与前来侦察敌情的敌将丁士良狭路相逢。李愬设了些伏兵，把丁士良绑回了大营。

大唐的将士们之前与丁士良交战，曾吃过不少苦头，都恨不得将其剖心挖肝，要求李愬将他处死，李愬表示可以。但等到行刑时，他见丁士良毫无惧色，不禁赞叹："真是大丈夫啊，只可惜你不辨顺逆，死去也要背负骂名。如果你愿意归降，为大唐立功，我李愬可保你罪责免除，还能流芳千古。"

丁士良当即投降，表示自己本来就是大唐的将领，只不过是被吴元济擒获，又深受重用，才会心甘情愿为吴氏父子效力，既然将军如此厚待，当然是更愿意将功折罪了。

李愬亲自帮他除去身上的绳索，给他军服武器。他不但不多加观察、戒备，反而让丁士良担任捉生将。

丁士良感动得无以复加，帮助李愬攻下了文城栅，俘虏了守将吴秀琳、军师陈光洽，李愬同样大加厚待他们。唐军终于摆脱数次惨败的阴影，重振士气，不再惧怕吴元济了。李愬见时机成熟，便准备对吴元济发起正面攻击。

这时，吴秀琳告诉他："您要是想打败吴元济，不除去李祐是不可能成功的。"李祐骁勇善战，乃是吴元济手下最得力的战将，前几位前来讨伐的唐军将领都为他所败。

李愬对吴秀琳说："李祐镇守兴桥栅，我也知道他骁勇强悍，到时会设下一计，将其擒来。"李祐轻视唐军，李愬利用这一点激将挑衅，引他策马追击，一入丛林便人仰马翻，被伏兵捆得结结实实。

李愬见李祐被五花大绑推入帐中，故作愤怒道："我叫你们去请李将军，怎么把他给绑来了，还不快松绑！"随即请李祐上座，如对待客人一般周到地对待他。

李祐感念李愬的厚待，愿意为大唐效劳，二人相见恨晚，成为莫逆之交，常常商议军事直至半夜，或是天明才分开。唐军众将士都曾在李祐手下吃过大亏，如今却见李祐参议军事，对官兵的情况了如指掌，都说李祐一朝叛变，唐军就要大祸临头。于是，全军上下一定要李愬将李祐处死。

李愬不得不押送李祐去京师，他泪流满满对李祐道："难道是上天不想我平定淮西吗？为什么你竟不为众人所容呢？"同时，李愬上疏称："如果处死李祐，臣就再也找不到可以谋划讨吴的人了。"

皇帝明白了李愬的意思，当即下诏将李祐无罪释放，命其做李愬的部下。李祐拿到诏书后，与李愬抱头痛哭，立誓要帮李愬与大唐夺下蔡州。李祐出谋划策、身先士卒，不久便与李愬一同生擒吴元济，攻占蔡州城。

> 兵法中有"围三阙一"的理论，意思是让敌人看到一线生机，敌人才不会拼死抵抗，优待俘虏也是这个道理。这样做还可以软化俘虏的意志，使其为我所用，提供情报、技术，作为补充兵等。

马燧智调田悦

马燧和叛将田悦分别驻军于洹河两岸。田悦知道马燧军队粮草短缺，于是坚守不出，决不应战，想等对方把粮草耗尽。

马燧见此，命令大军带上十天口粮进军，与田悦隔水对峙。

李抱真和李芃不解："我军只带上这点粮食，却深入敌区，是什么道理呢？"

马燧回答："粮食少有利于速战速决。兵法说要懂得调动敌人，不受其摆布。现如今田悦与淄青、恒冀军队互相配合，不肯出战，就是想等我军粮尽。如果我军分兵攻打他们的左、右军，人数少不一定能打得过，田悦还会派兵救援，到时就成了腹背受敌。兵法说要进攻敌人必须援救的地方，敌人就必定会出战。我是想让我军打败会合起来的敌军。"

马燧下令造了三座能够横跨洹河的大桥，每日到田悦营前挑战，田悦还是不肯出战。只是，他设下上万名伏兵，想趁机偷袭马燧。马燧沉思良久，想出了一个能将田悦引出来的计策。他下令军队在半夜时分敲起战鼓，吹响号角，做出准备进攻的架势，然后，大队人马秘密行军，沿着洹河奔向魏州。

马燧告诉部下："等敌人到来，你们就停下来布阵。"又命令留守营地的百名骑兵："等大队人马离去后，你们就偃旗息鼓，带着柴火和火种躲到三座桥下。一旦田悦的军队尽数渡过洹河，就将这三座桥一把火烧掉。"

田悦见马燧带兵离去，果然率军过河，烧毁唐军的营垒，敲鼓呐喊着追击马燧。马燧得知田悦中计后，立即停止行军，下令士兵们将前方的杂草树丛清除，开辟出一块百步宽的空地，充当战场，又挑选五千名骁勇的士兵在前方布阵。田悦带着军队赶了十几里路，终于追上了马燧，但此刻，他们手中的火把早已熄灭，士兵疲惫，士气衰弱。马燧当即发起猛攻，大败敌军。

田悦想掉头逃跑，却发现横跨洹河的三座大桥已经被全部烧毁，退无可退，仓皇之间溃不成军。有些士兵为了逃跑，争相跳进河中，淹死的人不计其数。

马燧在这场战役中运用了调虎离山与上屋抽梯两个计谋。调虎离山，就是诱使敌人远离据点，使其在没有任何依靠的不利条件下作战。上屋抽梯，即给敌方营造出有机可乘的假象，引诱其进入某种境地，最后再截断其退路，使其陷入绝境，便于我方给予致命一击。

马燧杀死刑犯，威慑回纥军

唐代宗宝应年间，泽潞节度使李抱玉任命马燧为赵城县尉。当时回纥归附大唐，他们仗着帮助朝廷收复洛阳的功劳，为非作歹，常常抢夺途经之地的仓库粮食，饮食供应稍不合心意就暴起杀人。

李抱玉准备好供给品，下属都不敢前去配送，马燧于是自荐主持驿馆事务。等回纥大军到达，马燧先赠送主帅礼物，与他约定好军队纪律，回纥军首领就赠送马燧令旗，作为信物，允许马燧杀死违反纪律的回纥士兵。

马燧调来一些死刑犯侍奉自己，稍有不听命令的就一刀杀死。回纥兵见此十分畏惧，之后，回纥军队没有一人胆敢胡作非为。

杀鸡儆猴比喻用惩罚一个人的办法来警告他人。马燧通过杀掉一些犯人来震慑其他难以处置的人，从而短暂遏制他们的行为。此法虽然治标不治本，但已经是当时情况下最好的方法了。

马燧缓兵之计

新任魏博节度使田悦在接替职位后，担忧那些士兵不会服从自己的命令，便假意顺从大唐的统治。但马燧对他的狼子野心心知肚明，早早就做好了防备。

不久，田悦反叛，率兵三万包围邢州，自己到临洺修筑两重城墙，隔绝内外，阻挡援军。

邢州守将坚守城池，田悦迟迟没有攻下。朝廷得知消息后，急忙命马燧领兵前去援救。马燧率领大军向邢州进发，在还未抵达前线时就先派人写了一封信给田悦，向他示好。田悦收到信后便放松下来，以为马燧是在惧怕他。

得知马燧抵达邢州后，田悦主动派遣使者前去交流感情。但让他没有想到的是，马燧竟然直接将其处死，还派兵击败了田悦的一队士兵。田悦才意识到自己中了马燧的计，赶紧下令修筑防御工事，用来抵御马燧的进攻。马燧于是带领诸位将领一同发起进攻，还在敌军的两个营寨之间安营扎寨。

这样的威胁使得田悦压力巨大，他竟在当晚就率军逃离。次日，马燧趁机占领敌军的营寨，并在此地训练，军队一时声势浩大、士气旺盛。

> 缓兵之计指延缓对方进攻计划的进行，也指拖延时间，稍后再思考解决办法。马燧通过一纸书信，让田悦放松警惕，之后再强势进攻，牢牢把控住了战场局势。

苏定方踏雪追敌

唐高宗显庆二年（657年）春，朝廷任命苏定方出兵征讨西突厥。苏定方从金山（今蒙古国西部阿尔泰山）北部出兵，大败西突厥处木昆部，受降兵众一万多帐。苏定方对降兵加以安抚，从中调出一千骑兵，共同进军曳咥河（今新疆北部额尔齐斯河）。西突厥沙钵罗可汗闻讯，率领十万大军前来迎战。

苏定方所率汉军及回纥兵只有一万余人，沙钵罗可汗看唐军人马少，不禁心生轻蔑，直接调动大军左右翼，包围苏定方的军队。

苏定方见此，令步兵占据制高点，集中朝外攻击。他自己则率领精骑，在北边平地上摆开阵势。西突厥大军向步兵阵地发起三次进攻，均不能攻破，苏定方趁着敌人混乱进攻时，带着骑兵奋勇杀敌，斩杀数万突厥人马，突厥大军溃败而逃。

次日，苏定方整顿好军队继续行军，西突厥各个部落要么投降，要么逃跑。苏定方命令副将萧嗣业、回纥婆闰率军追击败兵，自己和任雅相负责拦截敌军后路。

不料天上突降大雪，积雪足有"平地二尺"，将领们请求稍事休息。

苏定方道："敌人看到大雪忽至，必定以为我军不会追击，他们很可能停下来休整。现在，我军趁其不备，继续行军，一定可以追上他们。如果这个时候迟缓放纵，就给了他们远逃的机会！"于是众将领兵踏雪出兵，唐军士气高涨，昼夜不停，在到达距离沙钵罗可汗驻地一百里时，苏定方下令摆好阵势向前进军，大军直逼金牙山（今吉尔吉斯斯坦托克马克以西）。此时，沙钵罗可汗正要去打猎，苏定方趁其不备，举兵猛攻，打败了几万敌兵。

这一战，唐军"收其人畜前后四十余万"，西突厥就此灭亡。

> 苏定方踏雪追敌，正如卢纶的诗句："月黑雁飞高，单于夜遁逃。欲将轻骑逐，大雪满弓刀。"苏定方在对战西突厥时，采取了分化和重点打击相结合的战略。他把握住战役的节奏，出其不意，一路穷追猛打，最终大获全胜。

柴绍巧用美人计

柴绍率领唐军与吐谷浑人交战，被围困在山间谷地之中。吐谷浑人站在高地上，不断射箭，箭如雨下，形势对唐军极其不利，将士们都面露惧色。

柴绍久经沙场，他临危不乱，认真思考退敌的方法。不一会儿，他就有了主意，命令随军乐队弹奏琵琶，敲鼓奏乐，还找来两个美女随着鼓点翩翩对舞。吐谷浑人见过无数的敌人，但从没在战场上遇到过这种阵仗。他们放下弓箭，交头接耳，猜测唐军葫芦里卖的什么药。

柴绍观察到吐谷浑军队已经散乱没有阵形了，便悄悄派出一队精骑绕到敌军侧面进攻。吐谷浑军队遭到前后夹击，大败而逃。

美人计是《三十六计》第三十一计。"兵强者，攻其将；将智者，伐其情。将弱兵颓，其势自萎。"美人计看似简单，却屡试不爽，将直接的对抗转变为意识层面的腐蚀，折损敌人意志，从而达到直接对抗达不到的效果。

王师范先下手为强，震慑朝廷

平卢节度使王敬武死去，其子王师范暂代其职务，等待正式任命下达。朝廷已经控制不住日渐强大的藩镇，只要不明确反对朝廷，朝廷就不愿起冲突。

按照惯例，朝廷只需要下一道诏令即可。可这次，朝廷看王师范年纪轻轻，根基未稳，就派崔安潜担任平卢节度使。崔安潜知道要想取代王氏在平卢的地位，光靠这一纸调令是没有用的，还得看谁的拳头硬。于是，崔安潜偷偷潜入治所青州，和棣州刺史张蟾结盟，计划把王师范除掉。

王师范得知消息后，派出父亲的老部下卢宏前去处死张蟾。哪知，卢宏看不上他这个小主人，也想依靠朝廷。眼看自己就要成为这帮人的踏脚石了，王师范决定一不做二不休。他找来自己的心腹刘鄩，对他道："卢宏曾经为先父效劳，如今竟然想要谋反，你敢不敢去杀了他？"刘鄩当然说敢，虽然他武艺一般，但出其不意地弄死个人还是不在话下的。

二人商议，设宴迎接卢宏回营，在席上把他杀了。王师范看准了卢宏轻视自己，必然毫无戒备，命刘鄩："等他一到就杀！"于是，同样没被卢宏放在眼里的刘鄩，瞅准机会，手起刀落，将卢宏当场砍死，其同党也一并伏诛。

然后，王师范派刘鄩出兵，攻入棣州，杀死张蟾。朝廷闻讯，知王师范难以摆布，只能召回崔安潜，正式任命王师范为平卢节度使。

> 《鬼谷子》有云："事贵制人，而不贵见制于人。"做任何事情都要尽可能地掌握主动权，采用先发制人的策略，往往能以最小代价换得最大的利益。这不仅需要敏锐的洞察力，还需要优秀的决断能力。

高季兴献计破凤翔

公元 902 年，李茂贞劫走唐昭宗李晔，想学曹操"挟天子以令诸侯"。朱温也是同样的想法，为了把皇帝抢过来，他率领大军攻打凤翔城。李茂贞自知不是朱温的对手，便高挂免战牌，不肯出战。

许久过后毫无进展，朱温看着大军坐吃山空，捉襟见肘，不禁萌生了撤兵的念头，打算日后再从长计议。

将领高季兴劝他："我军誓师出兵，其他节度使全都看在眼里。如果就这样无功而返，岂不是贻笑大方？况且，目前敌军与我军同样疲惫，攻克城池不过旦夕之间。您担心敌人一直不出战，我军粮草和士气都会被耗光。这不值得忧虑，我有一计，可以把敌军引出来。"

朱温问："你有什么计策？别卖关子了，快说！"

高季兴连忙道："李茂贞不肯出战，就是想消耗我军粮草。您可以派人混入城中，散布我军粮草即将耗尽，将士们都要求回家的谣言。李茂贞听到这个消息后，必定会出兵偷袭。届时，只需带领本部人马反攻，就一定可以将其攻破。"

朱温欣然点头，采用了高季兴的办法。高季兴于是派人入城，假装投降，又安排人马在城下埋伏。李茂贞得知朱温军中无粮，已经带着主力东归，只余下不足万人坚守阵地，果真上钩。

夜里，李茂贞派精锐出城，命大军直扑朱温中帐，伏兵趁机杀入城中。李茂贞知大势已去，便只好交出皇帝，与朱温讲和。

引蛇出洞运用在战争中就是设计将敌人引诱出来。引蛇出洞大多与暗设伏兵结合使用，只要敌人进入提前布置好的伏兵包围圈中，就会处于极其不利的被动地位。

第四章

谋士

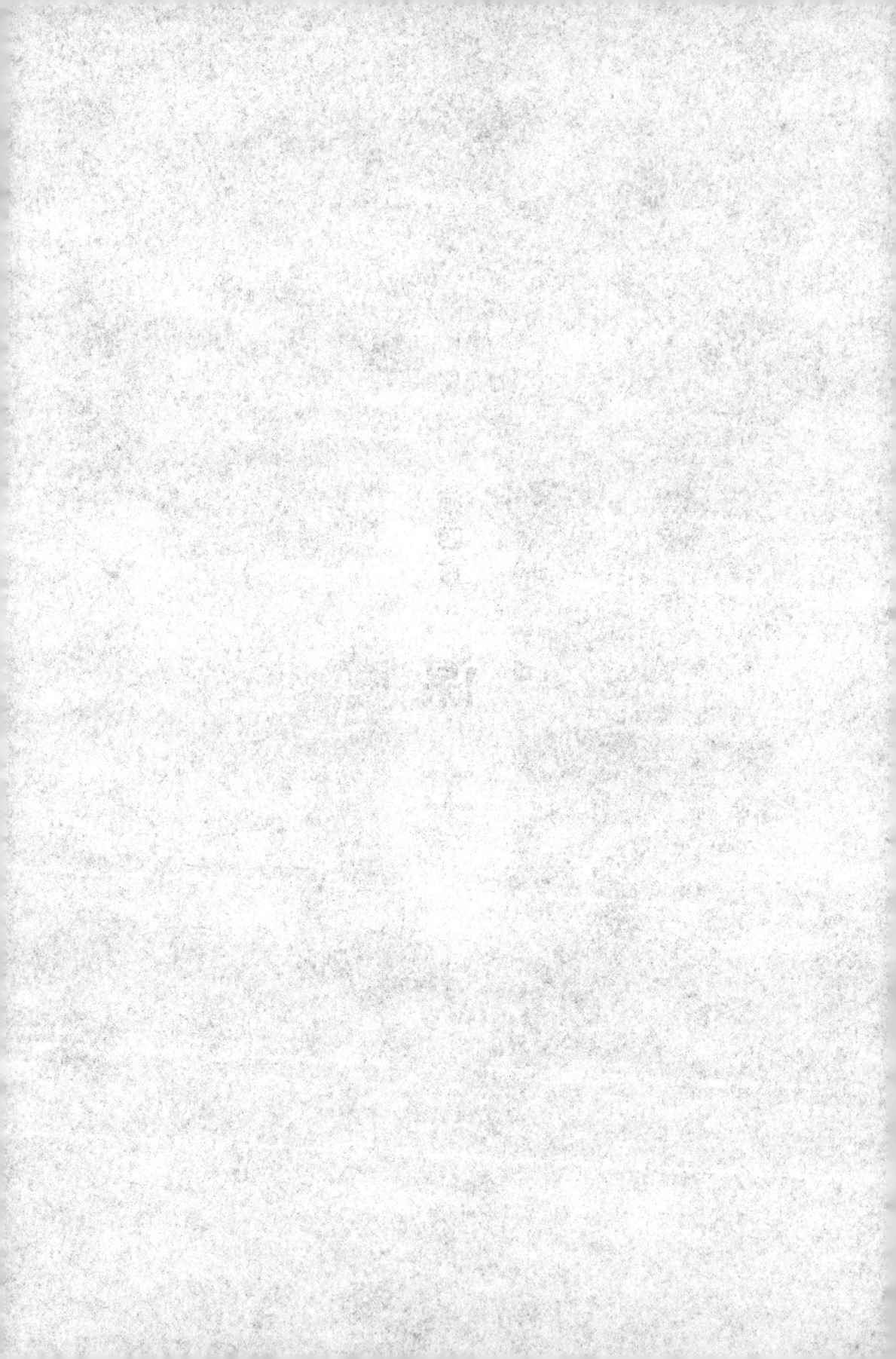

长孙晟分裂突厥

开皇元年（581 年），杨坚受禅登基，是为隋文帝。同年十二月，突厥的沙钵略可汗不满大隋的礼薄，道："我与周家是亲戚，现在隋公为帝，我要是不能打垮他，哪还有脸面去见千金公主（北周文帝宇文泰的孙女，其父因谋诛杨坚而被诬陷杀害，全家遇害）呢？"于是借口为妻子千金公主的亲族复仇，联合高宝宁，与各部落约定，举兵南侵。

当时大隋刚刚建立，根基不稳，隋文帝忧惧非常，下令修筑长城，屯兵北境防御外敌。

大臣长孙晟知道沙钵略可汗、达头可汗、阿波可汗、突利可汗叔侄兄弟四人各自统领强兵，全都号称可汗。他们分居四面，彼此猜忌，只是对外表现得同心同德。所以，用武力征服他们很难，但离间他们却很容易。

长孙晟上奏隋文帝，对突厥国情一一道来，他指出沙钵略可汗虽然是大可汗，但兵力还比不上达头可汗，将来二者必然内斗；阿波可汗、突利可汗也都和沙钵略可汗面和心不和，大隋可以远交近攻、离强合弱，也就是联络西边的达头可汗、阿波可汗和东边的突利可汗，一起孤立沙钵略可汗。等上个十多年，突厥发生动乱，大隋再趁机出兵，便能一举将突厥消灭。

隋文帝大喜过望，将他的计划全部采纳。于是，大隋派遣使者拜见达头可汗，赐予带有狼头标志的大旗，并对他十分恭敬、礼貌。等达头可汗回访时，大隋故意将其使者排在沙钵略可汗的使者前面。沙钵略可汗和达头可汗果然相互猜忌。

长孙晟被拜为车骑将军，东出黄龙道，携带大量金银，赐予契丹等部族，请他们做向导，引他来到突利可汗的住所。长孙晟诱使突利可汗暗中归附大隋。于是，在突厥内部，沙钵略可汗被孤立了起来。

开皇三年（583年），突厥再次兴兵入侵大隋，窦荣定多次击败阿波可汗的军队。长孙晟乘机派人对阿波可汗道："摄图（即沙钵略可汗）每次侵隋，都能大胜而归。你才来就被打败了，真是突厥人的耻辱，难道你就不羞愧吗？况且摄图与你的兵力差不多，而今摄图日日获胜，备受推崇，你去却屡屡失利，摄图一定会归罪于你，完成他早先的计划，消灭你这一支。你可要想清楚，自己有把握对付摄图吗？"

于是阿波可汗派遣使者来到隋军营地，长孙晟对使者道："如今达头可汗已与我国结盟，摄图对他无可奈何。可汗何不也依附大隋，与达头可汗联合呢？这是万无一失之计，阿波可汗何必要白白损失兵马，背负罪名，成为摄图的阶下囚，听凭他侮辱杀戮呢？"阿波可汗觉得长孙晟说得很对，便派人跟长孙晟入朝结盟。

沙钵略可汗得知阿波可汗投靠大隋，遂率军偷袭阿波可汗的大本营，阿波可汗的部众全部沦为俘虏，他的母亲也被杀死。阿波可汗没有归所，只能投奔达头可汗。达头可汗便借兵十余万给阿波可汗，阿波可汗屡战屡胜，沙钵略可汗则元气大伤。于是沙钵略可汗遣使向隋朝进贡，其妻子千金公主也请求认隋文帝为义父并改姓杨。

开皇四年（584年），隋文帝遣长孙晟随虞庆则出使突厥，赐千金公主杨姓，改封大义公主。

开皇五年（585年），沙钵略可汗向大隋称藩，从此大隋北部边患基本消除，南下灭陈再无后顾之忧。

正所谓"利而诱之，乱而取之，实而备之，强而避之，怒而挠之，卑而骄之，佚而劳之，亲而离之，攻其无备，出其不意"。长孙晟能够使出避其锋芒、挑拨离间、威逼利诱等策略，可见其对兵法的精妙运用。

李泌劝谏任长子

唐肃宗李亨从马嵬坡一路来到灵武，屡次三番受到叛军和盗匪的威胁。三子建宁王李倓亲自为其挑选骁勇的战士，不分昼夜地守在其身旁。唐肃宗制定战略时，李倓总能根据实际情况给出合理的建议。唐肃宗认为李倓忠诚、有勇有谋，属意让他来担任天下兵马大元帅，率领大军平叛。

唐肃宗写好诏书，马上就要宣读，宰相李泌阻止了他。李泌道："陛下，你的长子广平王李豫还没有得到东宫之位，现如今天下大乱，所有人都把希望放在元帅身上。如果立建宁王李倓为兵马大元帅，让他掌控天下军权，立下平定天下的大功。即使陛下不想把太子之位传给建宁王，但一同立下大功的人又怎么肯让上级止步于此？这是在重蹈太宗的覆辙啊！"

当年，李渊让太子李建成坐镇长安，派次子李世民东征西战。最终，李世民功劳、威望都远胜于太子，以致兄弟阋墙，血染长安。

唐肃宗想要把军权交给不是太子的儿子，这和李渊的做法有什么区别呢？李泌为大局着想，劝说唐肃宗任命长子李豫为天下兵马大元帅。后来，李豫带领郭子仪、李光弼等人收复长安和洛阳，顺利被封为皇太子，也就是后来的唐代宗。

而李倓在得知父亲要封自己做兵马大元帅时，也是惴惴不安。后来，他听说是李泌劝父皇改变主意，还特地去拜谢李泌，让他免于一场祸事。

> 只有不断从失败中总结经验，不再犯下相同的错误，才能够取得进步。

李泌劝唐肃宗放下旧恨

在唐肃宗李亨还是太子的时候，宰相李林甫屡次三番在玄宗跟前陷害、抹黑他。唐玄宗听信谗言，几次想要废黜李亨的太子之位，李亨差点性命不保。李林甫老奸巨猾，唐玄宗对他又信任有加，为了保住太子之位，李亨只能记在心里，暗自忍下。

后来，李亨即位，他想要将李林甫的尸首挖出来，挫骨扬灰，以泄心头之恨。李泌劝李亨："陛下身为天子，恩泽天下，千万不能只想着旧恨。如果您不能向天下百姓展示出宽广的胸襟，那么，投敌叛国的人就不敢归降了。"

李亨听不进去，只怒气冲冲道："你不记得他当年是怎样害我的吗？"

李泌答道："臣记忆犹新，只是此一时、彼一时，陛下不妨放下一时私恨。如今，太上皇统治天下五十载，一朝失意，还在蜀地停滞。南方湿热，瘴气弥漫，太上皇年事已高，思虑过多，一旦得知陛下还对旧事念念不忘，必然愧疚难当、心情抑郁。如果太上皇因为心情不好而病倒，这就是在告诉人：陛下虽威加四海，却不能安抚至亲，这样世人如何能信任您呢？"

一番话让李亨恍然大悟，他走到阶下，抱着李泌哀声痛哭道："朕竟然没有想到。"然后至此释怀，不再执着于前仇。

> 过于在意过去，就有可能忽视现在。没有现在，未来就会成为空想。过去的已经过去，如何更好地向前走才是当下生活的重点。

李泌三保韩滉化危机

唐德宗即位后，一直试图削弱藩镇节度使的势力。但是，他错误地采用了以藩镇攻打藩镇的策略，以致天下大乱。公元783年10月，唐德宗被迫逃出京师，直到次年7月才结束流亡生活，返回长安。

唐德宗刚返回长安，就有人来向他举报浙江东、西道观察使韩滉，说他趁皇帝不在京师，大肆招募兵士整修石头城，肯定准备谋反。惊魂未定的唐德宗一听这个消息就信以为真，赶忙询问宰相李泌该如何应对。

韩滉重兵在握，处理不当很容易造成叛变。李泌道："韩滉出任节度使，一向忠正廉洁，是个注重名节的人。况且在皇上离开京师时，韩滉都能坚持称臣，一再贡钱献粮，给陛下提供物资支持。再说，自从他担任浙江东、西道观察使，镇抚江东十五州，保一方平安，使当地盗贼销声匿迹，很有才干。整修石头城，是不是因为他见中原动荡，以为陛下有可能南下避祸，所以为了保护圣驾提前准备？这可是臣子的赤诚忠心，您不褒奖，怎能反过来降罪呢？"

唐德宗还是心存疑虑，李泌便继续道："韩滉性格刚正，一向不给权贵面子，以致招来许多诽谤，希望陛下能细细考察，老臣愿意为他做担保，保证韩滉没有不臣之心。"

唐德宗还是不信，他问道："可朝廷上下，参他的奏章多如牛毛，你没听说这些吗？"

李泌淡定道："老臣早有耳闻，不仅如此，老臣还知道韩滉的儿子韩皋正在京师考官职，因为这些流言甚嚣尘上，他为了避嫌，原本计划告假探亲，现在连假期都不敢申请了。"

唐德宗接着问道："依照你的说法，他儿子都怕成那样，你怎么就敢为他担保呢？"

见皇帝还是不信，李泌只好道："韩滉此举实在是用心良苦，我了解他是个什么样的人。我愿意呈上奏章，担保他绝无二心。到时候，还请陛下公开表示您是信任韩滉的，然后把我的奏章发布下去，令朝中百官传阅，让所有人都知道这件事情。"

李泌把口头担保升级为白纸黑字的书面担保，以此向唐德宗表明自己愿意承担责任，让他放心。

唐德宗不愿意将李泌牵扯进这团麻烦事中，道："我还需要倚重你，你怎能轻易为他人做担保呢？你还是谨慎些，不要和这么些权贵大臣唱反调，不然恐怕你也会受到波及。"

李泌知道皇帝说得在理，但现在也只有自己能打破僵局了。经过反复思考，李泌还是在退朝后呈上了书面奏章，表示自己愿意给韩滉作保。

但即使这样做，唐德宗还是不为所动。几日后，唐德宗对李泌道："你竟真上奏保韩滉，我已经把你的奏章扣下，留中不发。我知道你与韩滉交好，但你也不能不爱惜自己，不为自己的身家性命着想吧！"如果李泌为韩滉担保，一旦韩滉有不臣之举，那么首当其冲的就是身在朝廷的李泌。

不能再任由事态恶化下去了，李泌下定决心要让皇帝做出正确决断："老臣怎么敢因为袒护旧交而辜负陛下的信任呢？只是因为韩滉确实无叛逆之心，老臣上奏不为自己，更不为韩滉，只是为了朝廷。"

唐德宗问道："为了朝廷？这话怎么说？"

李泌只能无奈道："如今天下正闹旱灾、蝗害，关中米价已经高达一斗米一千钱。国库中的存粮渐渐耗空，急需从地方调拨来充实。江东一带粮食丰收，是朝廷的粮源。您将老臣的奏章发下，打消大臣的猜疑诽谤，再下诏批假给韩皋，命他回家探视双亲。这样，才能消除韩滉的不安，使他感激您的信任，愿意将江东的粮食迅速调来，充实粮仓。这难道不是为了朝廷吗？"

这话终于说动了唐德宗，他感慨道："你实在是用心良苦啊，朕都明白了。"于是，发下李泌的奏章，亲自接见韩皋，赐予绯衣以示重视。唐德宗对韩皋道："他人对令尊的诽谤，都是出于怨恨与嫉妒，我是非常信任他的，我知道韩滉绝无二心，请他不用担心。另外，如今关中缺粮，你们父子也快点筹划着调运粮食吧。"

韩皋回家面见父亲，说清情况后韩滉涕泗横流。当天，他亲自来到渡口主持，运发米粮十万斛。韩滉要儿子赶紧回京师努力，只让韩皋休了五天假就返回京师了。韩皋辞别母亲时，母子二人依依不舍，相对哭泣，哭声传到韩滉耳中。韩滉直接把儿子叫出来抽了一顿鞭子，然后亲自将其押送至江边，让儿子冒着风浪出发。

淮南节度使陈少游听说韩滉已经给朝廷贡米了，于是也进贡了二十万斛米。

唐德宗对李泌道："真是想不到，韩滉竟能把陈少游带动起来给朝廷贡米。"

李泌道："岂止是一个陈少游，这下各州道都该争着运米入京了。"如此，京师粮荒解除，时局也逐步稳定下来。

> 韩滉实力雄厚，虽然没有谋反的迹象与念头，但如果朝廷激化矛盾，韩滉也许为了自保真的会选择脱离中央。李泌正是看到远虑近忧，才会力保韩滉，化解唐德宗与韩滉之间的矛盾，保证天下稳定。

李泌收编西域使者

唐朝中期的时候，朝廷为平定安史之乱，将大量军队内调，导致河西、陇右一带防守空虚，被吐蕃连连攻占，大唐与西域诸国的联系也因此而断绝。

当时，许多西域来使因为无法返回故乡，只能滞留长安。这些来使都是由鸿胪寺负责，鸿胪寺便将他们委托给各州府县供养，为此增加了许多财政支出。

至唐德宗当政期间，留在长安的西域使者多不胜数，有的已经在此居住四十余年，并且已经成家立业，繁衍子孙。他们大多购置了许多土地房产，收入十分可观，日子富贵滋润。

宰相李泌发现这一情况后，就派人调查在长安有田产的西域使者，结果查出了四千多人。为了省掉不必要的支出，李泌便下令鸿胪寺停止供养这些人。

这些使者得知消息后，纷纷来到鸿胪寺申诉，官吏无可奈何，只好找李泌反映情况。

李泌道："这是以前宰相的疏漏，哪有放任来朝贡的使者待在京师数十年而不离去的呢？即日起，这些人可以从回纥借道，也可以走海道，分批次回国。"

官吏问："要是这些人不愿离去该怎么办呢？"

李泌想了想，道："要是有不想回去的，就让他们来鸿胪寺说明情况，再斟酌授予职位。以后，这些使者就领朝廷俸禄，是大唐的臣子了，不能再继续充当使者领取津贴。人应该及时施展才华抱负，怎能终身碌碌无为在异乡为客呢？"

众官吏领命，将李泌的命令传达下去，结果这些使臣极少数想要离开大唐。

于是，李泌就将这些人安排进神策军，原先是王子、使者的，可以做军官或者是官府的押衙，其他人都去做普通士兵。

据史书记载，李泌这一措施为大唐每年节省了五十余万钱的开支。

李泌将外国使者变"客"为"主",授予官职。这种做法既节省开支,又充实兵力,强化了京师的武装力量,可谓一石二鸟。

李泌恢复府兵制

唐德宗想要恢复往日的府兵制度,与李泌商议。

李泌道:"今年,征来防守京西的士兵多达十七万人,消耗米粮总计二百四十万斛。再加上刚刚经历过饥荒与战乱,经费属实不足,一时间恐怕难以恢复府兵制。"

唐德宗道:"那赶紧削减士兵,让他们回家如何?"

李泌道:"陛下要是能采用臣的建议,就不必削减士兵,还能在不影响百姓的情况下,收获充足的粮食,降低米麦价格,府兵制也能恢复。"

唐德宗不敢置信,问:"真能如此?"

李泌道:"这需要马上去办,要是过上十天半个月就来不及了。如今,吐蕃常驻于原州与兰州之间,他们一直用牛来押运粮食,粮食运完,牛就没有用处了。请陛下派人取出府库的劣质布帛,染成彩色,借由党项人卖给吐蕃。每头牛只用花费二三匹布,我们一共拿出十八万匹,就能买入六万多头牛。"

李泌见皇帝不说话,便接着说:"您再下令由朝廷铸造农具,买些麦种,配给戍边军队,招募士兵开垦荒田。只需让他们在明年麦子成熟后,加倍还上麦种,剩下的粮食官府按照时价再加两成买进,存入粮仓。关中土壤肥沃却荒废日久,开垦后收成一定不错。士兵获利后,愿意耕田的人就会越来越多,边境百姓稀少,将士吃的都是官粮。米麦卖不出去,价格一定很低廉,我们说是比市价再高两成,实际上是低于今年收购的价格。"

唐德宗问:"你说这能恢复府兵制度,又是怎么回事?"

李泌道答："士兵可以屯田致富，就更愿意在耕作的土地上安居。从前的制度是，士兵服役三年之后就由新兵替换上。我们可以在这批旧的士兵离去时下令，愿意留下的就把所耕的田地永久赠送给他们，家人想要迁来就由官府将他们接来，沿途朝廷还提供食物。朝廷再将招募的人数通报出来，如此各路元帅也会乐得免除替换士兵的麻烦。不用几次，这些士兵就会变为'土著'。到时候，朝廷完全可以用管理府兵的方法来管理他们，关中便能转疲敝为富庶了。"

唐德宗听罢，欣然称好。

李靖见微知著

唐朝时，唐太宗李世民让李靖传授侯君集兵法。不久后，侯君集上奏李世民："李靖想要藏私造反，因为他传我兵法时从不讲细微的地方，生怕我领悟他用兵的精妙之处。"

李世民因此而责备李靖，李靖淡定答道："这是侯君集想要造反。"

李世民大吃一惊，问："爱卿何出此言？"

李靖回答："如今中原早已平定，我传给侯君集的兵法足够他去征服四方蛮夷。现在，侯君集想要把臣的兵法全部学走，狼子野心，恐怕他已经生出异心啊！"此时的侯君集安安分分，又得君王看重，没有任何想要谋反的理由和迹象，李世民不大相信。

贞观十七年（643 年），侯君集果然伙同太子李承乾谋反，事败被杀，验证了李靖的预判。

"见微知著"，"微"指萌芽的状态，"著"指事情的发展。有谋略的人，往往观察到一点小小的苗头就能料到事情未来会演变成什么样子。

窦建德善待俘虏、降将

大业十四年（618年）三月，宇文化及发动政变，杀死隋炀帝。消息传开，王琮率领河间郡中官员为隋炀帝发丧。窦建德闻讯，派出使者前往河间吊唁，顺便探听城中虚实。

此时，河间城中情况非常不好，被围困日久，弹尽粮绝。更何况现在隋炀帝已死，群龙无首，坚守城池的意义也没有了。于是，王琮通过前来吊唁的使者向窦建德请降。

窦建德听说王琮愿意不战而降，大喜过望。他立即退兵三十里，以表诚意，还大摆筵席等待王琮前来。

王琮把自己捆起来，率领河间官员来到窦建德的军营前。窦建德亲自为其松绑，尊为上宾。二人谈及隋朝灭亡、隋炀帝被斩杀时，王琮悲痛异常、放声大哭，窦建德对王琮的气节十分敬佩。

有将领怒道："王琮拒我军于河间数月之久，我军将士死伤惨重，现在他被逼无奈投降了，我们要求将他煮了，来祭奠死去的将士们。"

窦建德不悦道："从前，我们不过在高鸡泊中当个流寇，个把朝廷官吏，杀了也就杀了。现在我们可是要平定天下的人，怎么能伤害忠良呢？王琮忠义，等到隋亡之后才肯投降，我得对他大加奖赏才是！"于是下令："若有人对王琮不利，罪灭三族！"然后任命王琮为瀛州刺史。

窦建德会这样做，是因为之前发生过这样一件事。当初他攻陷景城，张玄素被捉，窦建德要按照惯例将他杀掉，却没想到景城一千多名百姓跪求窦建德饶张玄素一命，愿意代死。有人说："张玄素为官清正，如果杀了他，就没有天理了！"

窦建德听闻便释放张玄素，还任命他为治书侍御史。但张玄素忠于大隋，拒绝任命。直到隋灭亡了，窦建德命他担任黄门侍郎，张玄素才接受。

> 窦建德对隋朝官吏采取了一系列笼络政策，特别是礼遇王琮、张玄素。事情传播开来，对他攻占河北地区产生了非常有利的影响，周遭郡县竞相归附。

李密劝杨玄感杀死韦福嗣

杨玄感来到洛阳后，接连打了几场胜仗，自觉是天命所在，众望所归，夺取天下不过是早晚的事。

于是，在抓获大隋的内史舍人韦福嗣后，杨玄感就将机要大事委托给他。至此，征战之事就不再由李密一人决断。

韦福嗣本来就不是他们的同伙，只是战败被俘，只能假意顺从，保全性命而已。每当一群人商议谋略时，韦福嗣就一味糊弄，说什么都是模棱两可。杨玄感要他起草公告文书，韦福嗣坚决不肯。

李密看出他的不忠，就劝杨玄感："韦福嗣本就不是我们的人，他现在就是棵墙头草，在观望呢。您刚刚举起义旗，却把这样摇摆不定的人留在身边，是要误事的。请您将他斩首，向众人致歉，如此才能安定人心。"杨玄感不信，道："怎么可能？"

李密心知多说无益，私下道："主公他喜爱造反，却不想要成功，这可该怎么办呀？我们都要去做俘虏了！"

后来，韦福嗣终究还是逃回洛阳去了，而杨玄感兵败，追随他的人果然都被俘虏了。

> "疑人不用，用人不疑。"虽说要信任自己的下属，但在决定任用时，确定对方是否可信也是不能跳过的步骤。

李密耗光宇文化及物资

李密出兵讨伐宇文化及，与宇文化及在黎阳相遇。李密知道宇文化及的部队军粮短缺，一定想要速战速决，所以也不急于与他交战，只是堵住其退路。

李密和宇文化及隔着河水喊话，李密谴责道："你家原本不过是匈奴的奴隶罢了，父兄子弟都蒙受大隋的恩惠，世代富贵，皇帝还把公主嫁到你家去。你获得的荣耀，整个朝廷也找不出第二个。你既然享受了国士的待遇，就应该像国士一样来报答国家。看见陛下失德，你不以死相谏也就罢了，还趁机造反，亲手杀死皇帝，还把皇帝的子孙也给杀了，扶植皇室庶出，独掌大权，侮辱后妃……你不效仿诸葛瞻的忠诚，却做下与霍禹一样的恶行，天地人神都不会宽恕庇佑你的。如此逼害良善，你还能去向何处！现在赶快归附于我，我还能保全你的子孙后代。"

宇文化及听罢，沉默了许久，才怒气冲冲地大喊道："我与你在这里砍杀，你咬文嚼字，说这么些是做什么？"

李密见此对左右道："宇文化及如此庸碌怯弱，却突然想当皇帝，不过是赵高、刘玄一类的人物，只需要将他打跑就好。"

宇文化及修造攻城器具，用以逼近黎阳仓城。李密亲率几百轻骑奔赴阵地，与守卫仓城的士兵配合，烧了宇文化及的攻城器具，引起的大火一夜都没有熄灭。

李密知道宇义化及军队中的粮食消耗殆尽，便诈称愿意与他结盟，使其松懈下来。宇文化及不知有诈，高兴不已，放纵手底下的士兵肆无忌惮地大吃大喝，就等着李密来送粮。后来发现李密骗了他，宇文化及怒不可遏，与李密在童山脚下展开激烈的战斗，他们从早战到晚，李密被流矢射中，到汲县休息。

宇文化及大军筋疲力尽、弹尽粮枯，士卒大多叛逃。宇文化及试探地攻打了一下汲县，便迅速向北转移至魏县。而他的部将陈智略、张童仁先后带领麾下将士归顺李密，倚重的大臣王轨更是直接将囤积物资的东郡献给了李密。

> 李密先细数宇文化及的罪状，不仅从声势上压倒对方，还探查出敌方虚实。其后以一招"笑里藏刀"来麻痹敌人，使其坐吃山空，由此占据了绝对的优势。

李密献计不成，智脱虎口

宇文述、来护儿等将领率领朝廷大军就要杀到，杨玄感问李密："现在该怎么办？"

李密道："元弘嗣在陇右手握重兵，如今我们可以散布消息，称他要造反，还派遣使者来迎您前往。用这个借口率军入潼关，便能瞒住跟着我们的兵众。"杨玄感采纳他的计策，带着队伍向西撤退。

行至陕县，杨玄感看到弘农宫就想围攻，李密劝道："我们现在是哄骗兵众退往潼关，得快速行军，何况后有追兵紧追，怎么能停在这里？如果我们前进不能夺取潼关，后退又无险可守，这些兵众一旦一哄而散，我们要拿什么来保全自己？"杨玄感不听，就要去围攻弘农宫。他攻了三天也没能打下来，只好又带上队伍继续向西撤退。

在阌乡县，追兵赶上，杨玄感战败而死。李密则潜入潼关，然后被追捕的人擒获。当时隋炀帝远在高阳县，李密与其同伙要一起被押送到那里。

李密对其他人道："我们的性命就如同清晨的露水，太阳一晒就没了。要是被送往高阳，咱们这些人有一个算一个都得被剁成肉酱。眼下还没到，还能设法自救，怎能干等着被送去施以酷刑，而不赶紧逃跑呢？"

大家伙一致表示同意，他们中许多人随身都带着金钱，李密叫他们把钱展示给负责押送的官吏看，并道："我们死后，这些就是安葬经费，剩余的就权当报答你们的恩德。"押送的官吏被金钱收买，答应负责他们的身后事。

一行人出了潼关，押送的官吏渐渐松懈下来。李密频频请看管他们的官吏饮酒作乐，官吏们渐渐习以为常。结果，走到邯郸，李密等人便灌醉了押运官，连夜逃跑了。

> 随机应变是指根据时机、情况的改变而灵活地转换策略。无论遇到什么样的情况，都能积极寻求解决方法，机敏灵活，这就是智慧了。

李密劝杨玄感缓称王

大隋的将军李子雄获罪被捕，在被押送炀帝行宫的路上杀死押送官吏后逃跑。李子雄投奔到杨玄感麾下，刚来就劝说杨玄感赶紧称帝。

杨玄感询问李密是否可行，李密沉吟片刻，道："秦末，陈胜想称王，张耳因劝阻而被驱赶。东汉末年，曹操想要要挟献帝赐给朱户、虎贲等九种器物，预备篡位，荀彧因制止而被疏远。今日要是让我直说，怕是要步张耳、荀彧的后尘。但阿谀奉承，一味讨好您，也不是我的本意。"

杨玄感道："先生但说无妨。"

李密道："自起兵之日起，我军虽频频获胜，但行至州县还是无人响应。洛阳的防守强大，援兵接连不断。此时，您理当身先士卒，带领我军尽快占领关中。这样急急忙忙地称帝，岂不是让世人嘲笑您气量小吗？"杨玄感听罢笑了笑，便不再提及。

朱元璋采用了朱升"高筑墙，广积粮，缓称王"的战略方针，最终夺取天下。由此可见，不主动吸引火力，前期以积蓄实力为主的策略还是行之有效的。

高颎献计灭陈

大隋立国之后，陈国就成了杨坚的心腹大患。要想实现全国统一，就必须灭掉陈国。当时，杨坚召集大臣商议灭陈之计。高颎道："我朝刚刚歼灭突厥，经历了一场大战，不适合再正面与敌军交战了。"

杨坚问："你可有什么好计策？"

高颎道："不妨先切断他们的物资运送。南方正值收获的季节，如果我朝派兵攻打，陈国就不得不屯兵备战。到时候无人收取，地里的粮食便都会烂掉。"

高颎提议，大隋不断派兵挑衅陈国边境，一旦他们出兵迎击，隋军就马上撤退。如此来来回回，陈国的人力、物力自然会被大量消耗。高颎还策划烧掉陈国的粮仓，杨坚悉数采用。于是陈国的粮食储备被消耗得一干二净，再无力供给军队。

之后，杨坚再大举进发，一路势如破竹，陈国覆灭。

釜底抽薪出自《三十六计》第十九计，比喻从根本上解决问题，也有暗中进行破坏的意思。粮食是人们的生存之本，没有食物一切都是空谈。高颎阳谋、阴谋运用得得心应手，可见其谋略过人。

李勣忠诚对待旧主

出身富贵的徐世勣（即李勣）十七岁时加入了瓦岗寨，凭借自己的才能混得风生水起，一跃成为瓦岗寨的核心人物之一。在李密加入瓦岗寨后，瓦岗寨逐渐由一个土匪团伙转变为一支可以与朝廷抗衡的起义军。但在经历过隋军剿杀、内部斗争后，瓦岗寨最终化为一盘散沙。

李密走投无路，选择归顺唐军，而徐世勣也面临着一个重要选择。此时，徐世勣占领着瓦岗军的旧地，其范围"东至于海，南至于江，西至汝州，北至魏郡"。所以，徐世勣要么收整军队，据地称王，要么跟李密一样，也去投奔唐军。

徐世勣深思熟虑过后，对属下道："魏公（指李密）已归附大唐，这片土地原本是魏公的，我要是把它献给唐王，恐怕被人误会为借主公势力为自己邀功请赏。因此，我决定将这个地界的详细资料，以及户口资料通通交给魏公，由他献给唐王。如此，就是魏公的功劳了。"

徐世勣派使者给李密送信，使者初到大唐朝廷时没有奏表，李渊颇为奇怪，后来得知徐世勣不愿贪功，将所有资料交给李密，经由李密之手转献大唐，感动道："徐世勣感念主公的恩德，主动推辞功劳，真是一个忠臣。"然后对徐世勣大加封赏，并赐予李姓。于是，徐世勣就变成了李勣。

后来，降唐的李密又转而叛唐，兵败被杀，而李勣则陷入了一个十分尴尬的境地。毕竟，李勣对李密的忠诚人尽皆知，如今李密叛唐被杀，李勣就是清白的吗？

李勣没有急着辩驳，而是请求皇帝开恩，允许他将李密的尸身安葬，举行丧葬仪式。李渊再次被李勣的忠诚打动，允许李勣为旧主操办丧事。于是，李勣再一次广受称赞。

《道德经》有言："天之道，不争而善胜，不言而善应，不召而自来，坦然而善谋。"所以，老子提出了"为而不争"策略。真正的智者不为眼前利益迷惑，他们看得更远，更能分清利弊。

刘鄩水道占兖州

朝廷下诏，令四方藩镇出师讨伐朱温，王师范接到诏令后，偷偷派遣多名心腹将领前去袭击朱温大军的后方。其中，刘鄩被派去攻打兖州。

当时，刘鄩手下不过五百兵丁，但对于足智多谋的刘鄩来说，敌我实力悬殊不过是个小问题。于是，他带着这些手下向兖州进发了。兖州城墙又厚又高，城中兵马数千，若是直接攻城，区区五百来号人大概还不够给人家砍的。

但刘鄩知道，兵少有兵少的优势，那就是不容易被城中守兵发现。即便被发现了，也难以引起敌军的警惕，可出其不意、攻其不备。

在到兖州之前，刘鄩就派出心腹化装成卖油小哥，到兖州城内外查探地形。经过查探，他发现兖州城防虽然严密，却有一处排水孔洞无人看守，可供军队潜入。于是，趁着夜色，刘鄩带着五百人避开守城军士，悄悄地从排水孔洞钻入了兖州城。

那些守城将领大多还在熟睡中就沦为阶下囚，有几个发现不对并奋起反抗的将领也被轻而易举地杀死了。然后，守城的士兵们群龙无首，人心惶惶，刘鄩对他们十分耐心，认真给他们做思想工作。于是，数千兵马心悦诚服地加入刘鄩的队伍。

> 坚固的城池与强悍的敌人，都是可以摧毁的，因为战争一向都是"多算者赢，胆壮者胜"。刘鄩靠五百兵丁攻克兖州城，正是以智谋取胜的经典案例。

刘鄩放叛徒出城

刘鄩占领兖州后，葛从周率军围城。一日，副使王彦温要出城投降，许多士兵都要追随他离去。一时间军心浮动，就要控制不住了。

刘鄩见此，立刻派人用不急不忙的语气告诉王彦温："请您出城不要带太多士兵，不是平素管理的士兵不要带上。"又告诉士兵们："平素跟随副使的人，要与副使同行的，绝不阻拦。但如果是其他人擅自离开城池，则按照军法处斩。"

葛从周知道后，怀疑有诈，于是将其斩杀于城下示众。城内守军一看投降竟然是这个结果，都生出了坚守不降的决心。

> 《鬼谷子》云："将计就计，道者，反之动也。"当知道对方的计划、谋算时，就能借此设计圈套，麻痹对方。对方以为自己的计划顺利进行，其实已经中计。刘鄩放走叛徒，正是将计就计。

李振劝朱温不与宦官合谋

朱温为了加强与长安城内大臣的联系，派心腹谋士李振前去，保证汴州和长安之间沟通顺畅。这样不但可以掌握朝中动向，还能为以后掌握朝廷大权、铲除政敌做准备。

此时，控制政权的仍是宦官集团，其中神策军中尉刘季述正准备废黜唐昭宗，换个易控制的小皇帝。但他又担心那些强盛的藩镇势力会借此讨伐他，为了寻求同盟，他便把目光投向势力最大的朱温。恰好李振来到长安，刘季述便派同党程岩和自己的侄子刘希贞前去试探，希望能联合朱温一同废掉唐昭宗。

程岩先来告知李振："刘中尉要让他的侄子来与您商议要事，我等想要与朱将军见上一面，希望您能代为转达，促成此事。"

等他们一同来见李振时，便道："皇帝为人严厉急躁，宦官们担心他会与群臣联合，到那时我们就死到临头了。所以，大家想一起废黜皇上，希望你们能与我们合作，一起安定天下。现在已将实情告知，请与我们一起筹谋此事吧。"

李振听罢，不答应，他厉声道："以百岁之奴侍奉三岁之主，你等祸乱国家，竟要做出此等不义之举。废黜君主乃是不祥之事，我等不敢参与。况且，我主以百万雄师匡扶天子，尊崇陛下还来不及，怎敢做出这种大逆不道之事！你们还是再想想吧。"

刘希贞听完李振这番训斥，也不知该说什么，只得沮丧离去。李振知道，刘季述等宦官害怕朱温手握重兵，不敢加害于他。刘季述来找他商议，就说明了他们是在担心朱温会借此事兴兵讨伐，才到他这里打探口风。李振心中已有决断，便肆无忌惮地将他们训斥一通。

不久，李振动身离开长安，返回汴州向朱温复命。他离开没多久，刘季述便与宦官们发动了宫廷政变，废黜唐昭宗，扶持皇太子李裕为帝。

李振闻讯，日夜兼程赶往汴州去见朱温。朱温也刚从外地赶回来，面对眼前形势犹豫不决。

此时，刘季述派出养子刘希度来到汴州，游说朱温和他们结盟。刘希度告诉朱温，他们愿意将李唐江山拱手相让。同时，又让人拿伪造好的太上皇诏书给朱温看，表示这都是太上皇的意思，不是宦官们的阴谋。

朱温见此，更加犹豫。他原本就有取李唐而代之的想法，但没想到机会来得这样快。这时答应，也许真能得偿所愿。但其余军阀一定会借机讨伐，到时就胜负难料了。但如果轻易放过这次机会，又不知要等多久才能完成凤愿。朱温权衡利弊，始终左右为难。李振见朱温没有决断，便猜出了他的想法。

李振劝道："自古以来，皇宫内廷发生叛乱，都是成就霸业的良机。如今那些宦官幽禁、欺辱皇帝，大王如果不去讨伐救驾，就难以使天下信服，将来又何谈号令诸侯？"

这时，刘季述的哥哥刘重楚和旧宰相张浚等人闻讯赶来劝说朱温："您与宦官们一同起事很容易就能成功，到时您的心愿也就实现了。"

李振坚决反对，他强调："您只要奉行正道，那么就能立下大功勋！"

朱温一听，突然回过味来，他厉声道："张公劝我与宦官一块共事，原来是想靠我求得宰相来当啊！"于是将使者全部囚禁起来。

李振立即赶赴京城，与宰相崔胤谋划，联合孙德昭等大将诛杀刘季述一众，拥立唐昭宗复位。这下，唐昭宗就落到朱温手中，成为他的傀儡。

朱温得知消息后，大喜过望，召回李振道："爱卿此番谋划与我的本意不谋而合，这是连上天都来帮助我！"

> 想要在乱世有所建树，联合一切可联合的力量是十分必要的。但在选择盟友时，一定要深思熟虑，目光长远。如果只看到结盟所能带来的利益，而忽略其背后的危机，往往会得不偿失。

敬翔智对朱温

敬翔才略过人，考进士却落第。等到黄巢军攻陷长安，他便东出函谷关，谋求出路。此时，朱温刚镇守梁地，那里的观察支使王发是敬翔的同乡，敬翔前去投靠。王发虽然对敬翔十分礼遇，却没有办法把敬翔推荐出去。

敬翔久候无果，无可奈何，只好靠着替人写书信、名牒来维持生计。

因为常有名言警句夹杂其中，在军中广为传诵。

朱温见敬翔的文章写得既有道理，又十分浅显明白，便告诉王发："听说你有个老乡很有才华，把他带过来，让我见见。"

见到敬翔，朱温便问："知道先生精通《春秋》大义，我现在也算有些根基，想学习《春秋》，靠里面的方法来行军打仗，以图建立更大的基业，不知先生以为如何？"

敬翔一听，就知道这是考验，他不慌不忙地回答："不可。"

朱温道："怎么？你不愿为我所用吗？"

敬翔解释道："从古至今，行军打仗贵在随机应变、出奇制胜。古时候的礼仪风俗都没能沿袭到现在，变化极大，何况是用兵的方法呢？如果一味学习《春秋》，那不过是因循守旧，纸上谈兵，如何能百战百胜？若真如此，您的大业恐怕难成了。"

朱温听罢，对敬翔大为赞赏，令其随军。军机要略，敬翔常常参与议会，他一路辅佐朱温，直至拜相。

> 战争中，如果一味因循守旧、拘泥于兵书，必然不会有好的结果。而敬翔深谙作战需以实战为主，借机显露出自己的真才实学，自然可以通过朱温的考验。

郭崇韬献策退契丹

郭崇韬跟随李存勖讨伐镇州，契丹借口援救镇州，举兵进攻，一路打到新乐。晋军将士眼见契丹大军压境，惶恐不安，要求李存勖赶紧将魏州退还。

李存勖犹豫不定，郭崇韬见此，劝道："依我看，这次契丹大举南下，并非为了镇州，他们很有可能是为了劫掠财物。只要他们的前锋被击败，就一定会退兵。况且，我军刚刚战胜梁军，威震北方，士气正盛，不妨趁此良机与契丹兵大战一场，必定胜利！"

李存勖采纳了郭崇韬的意见，挥师北进，与契丹军交战，果然取胜。

> 此时晋军已经处于被动地位，一旦避退，就只能将已经攻克的城池拱手相让，如此必定影响士气，不战而败。

郭崇韬解杨刘之围

李存勖与梁军对阵于黄河两岸，卫州刚被梁军夺占，形势对晋军极其不利。梁军统帅是谋略过人的名将王彦章，他攻占德胜南城，又顺黄河东进，朝李存勖坚守的杨刘猛攻，战况胶着。

晋军众将都道：这次的灭梁战役又要无功而返了。李存勖被围困在杨刘城内，他登城四望，无计可施。

郭崇韬劝李存勖："敌军攻打杨刘，阻断我军通道，就是想要攻取郓州。如果我军再不突围南下，援救李嗣源，那就胜负难料了。请您允许臣带领士兵去南岸再建一个渡口堡垒，用来运送士兵援救郓州。王彦章得知这件事后一定会来阻止，还请陛下招募敢死队，每日前去挑战，牵制敌人。只要有三四天不受干扰，新的渡口必能建成。到那时，我军就能两面夹击梁军，胜利在望了！"李存勖同意。

郭崇韬带领上万兵士连夜修筑、保护新渡口，昼夜不歇。郭崇韬亲临指挥，不知疲惫。城垒几次险些被攻陷，幸好李存勖率兵前来支援，打退梁军。杨刘之围终以晋军胜利结束。

郭崇韬献策灭梁

李存勖攻打后梁时处于下风，便召集众将商讨对策。有人提议与后梁讲和，两国以黄河为界互不侵犯，等以后再伺机南下灭梁。

李存勖闻言十分不悦，但自己也没有什么好计策，只留下一句"这么干我就死无葬身之地了"，然后便独自回帐。他辗转反侧，又把郭崇韬找来询问他的想法。

郭崇韬对于灭梁这桩事成竹在胸，他劝道："陛下辛劳转战长达十五年，蓬头垢面的日子不知过了多少，不就是要为国为家报仇雪恨？你如今已经称帝，黄河以北的百姓都盼望着您能早日平定天下。现在刚得到一个郓州却守不住，还有人想要放弃，以后又如何守住整个中原呢？万一将领变节，这黄河沿岸谁能为陛下守卫？我已问过康延孝，悉数掌握了敌军情报，日夜思考，想出了计策。"

李存勖道："愿闻其详。"

郭崇韬道："成败关键就在今年。现在敌军精锐全都交给段凝指挥，在我们的南面驻兵，靠近黄河守卫，想阻止我军袭击梁国都城。他们自以为万无一失，因此防备并不严密，又派王彦章进逼郓州，就是想对我军施压，使我军内部发生叛乱，他们便可趁乱进攻。但那个段凝绝不是将帅之才，不过是个攀附权贵的小人，在战场上根本做不到随机应变。他能代替王彦章成为主帅，并非因为他有才干，不过是靠投机，此人不足为虑。"

李存勖问："你是有什么计策了？"

郭崇韬道："段凝陈兵在我军南方，是想牵制我军，臣以为可以派兵驻守魏州，应付段凝。然后我军坚守杨刘，由陛下亲率精锐骑兵奇袭敌军老巢。降将说汴州守卫的军队十分匮乏，届时必定会望风而降。只要打下汴州，俘虏梁国皇帝，梁军自然会不战而降，半月之间天下可定。如果您不用此计，臣就难以预料后果了。毕竟今年收成欠佳，军粮只够将士们吃半个月。所以，陛下一定要当机立断，令我军一举功成，否则后果不堪设想。帝王做事顺应天时，神灵一定会保佑我们的。希望陛下能早做决断！"

李存勖听罢，兴奋道："你这话合我的心意！大丈夫胜则为王，战败也不过是沦为俘虏。就这么定了！"之后，李存勖领兵渡河，一路势不可挡，活捉王彦章，夺下汴州城，灭后梁，再迫使段凝投降。不出十日，郭崇韬的灭梁计划便取得了全面成功。

> 擒贼擒王是《三十六计》第十八计，指作战时先捉拿对手首领。"摧其坚，夺其魁，以解其体。龙战于野，其道穷也。"

郭崇韬为国家收受贿赂

郭崇韬崇尚廉洁，从不肯贪污受贿。但在刚攻下汴、洛之后，郭崇韬却公然收取后梁旧臣的贿赂。

他的亲友都来劝阻，郭崇韬却不以为然，他解释自己这样做的用意："我身兼将相两职，俸禄丰厚，哪里还需要贪图区区身外之物！伪梁朝廷以往就是行贿成风，那些梁国旧臣虽然归附，成为大唐臣子，但从前的习性却没有更改。如果我坚持不收他们的进奉，他们一定会心中忧惧，如此恐怕会对社稷不利。我虽然把这些财物放在家里，但一旦国家需要，我就会把它们贡献出来，这与国库收公款又有何不同？"亲友听罢，不禁摇头叹息。

不久之后，李存勖表示费用不足，要向百姓征税。郭崇韬便将这些私财拿出来，充公。郭崇韬交出财物的同时，又上奏请求皇帝将自己降职，他解释："身为臣子，私自收取他人财物，无论如何都难以洗脱受贿的嫌疑。"

皇帝道："你这也是为了国家，何至于处罚，算了吧。"

郭崇韬再次请求，道："法不容情，不可违背。"皇帝无奈，只好将郭崇韬当堂降职。

群臣见到这一幕都十分惊讶，尤其是一些效仿郭崇韬受贿的大臣，都赶紧将自己收到的贿赂上缴国库，严格检讨自己，请求降职处分，一时间朝堂风气被肃清。

> 面对问题，要善于灵活处理。郭崇韬公然受贿，虽然不是十全十美的计策，却也十分有利于稳定政局、充实国库、减轻百姓负担、肃清贪腐之风，为后唐打出了一个不错的开局。

魏仁浦劝郭威修改圣旨

后汉隐帝诛杀杨邠、史弘肇等功臣名将，又下密诏杀郭威。有人将此消息透漏给郭威，郭威急忙找来魏仁浦商议计策。

郭威道："皇帝想要杀我，我死也就罢了，我麾下的将士们又该怎么办？"

魏仁浦看了一眼诏书，摇头道："您是国之重臣，功勋卓著，一生清白为世人称颂。如今您手握重兵，据守重镇。一旦受到小人诬陷，大祸临头就难以解决了。事情已经到了这种地步，您可不能坐以待毙啊！"

郭威道："想当年，我和杨邠等兄弟刀山火海，追随先帝争夺天下，一同被先帝托孤，竭力匡扶，如今他们已经不在了，我何必费尽心力乞求独活呢！不如就这样死去吧！"

魏仁浦劝道："您以为白白送死能落到什么好处？不如顺应大家的心愿，领兵南行。这是天赐良机啊！皇帝听信谗言，残害忠良，您即使想以死表明心迹，又怎能如愿？还是想想这件事该如何应付吧！"

见郭威默然不语，魏仁浦提议："现如今诏书刚刚发下，外人都还不知道，不如我们把诏书改为皇帝下令杀掉全部将士，以此激起众怒。这样不但能免除您的灾祸，还能让杨邠、史弘肇沉冤昭雪。"郭威觉得可以这样做。

他们将修改过的诏书公示出来，将士们义愤填膺，纷纷跟随郭威起事。

> 唐高祖李渊决定起兵反隋，就曾伪造诏书，称朝廷要征兵讨伐高句丽，引起众怒，使百姓纷纷加入他的反隋大军。三百年后，郭威采纳了魏仁浦的建议，旧事重演。郭威直接激起兵愤，连战前动员都不用做了。

梁震劝高季兴不去朝拜后唐

后唐庄宗李存勖灭梁国，入驻洛阳。远在荆南的高季兴接到诏令，李存勖在诏令中要他安心待在荆南，还一再慰问。高季兴摸不清他的路数，便召集臣僚商议。

谋士司空薰劝高季兴："您还是赶紧去朝拜称臣吧，李存勖武功盖世、能征好战，天下皆知，我们要是惹恼了他，他率领大军打来，我们恐怕抵挡不住啊！"

谋士梁震不以为然，道："梁、唐乃是世仇，两国在中原血战二十余年。如今李存勖虽然得胜，但也元气大伤，根本无力处理偏僻的荆南，这就叫作'强弩之末不可穿缟'！主公如今手握十万重兵，占据长江中上游的军事重镇，您要是贸然前去，只怕就回不来了。您受梁国册封，如果立刻就向世仇卑躬屈膝，亲去朝拜，这与投降做俘虏有什么不同？恐怕会遭到天下人耻笑！"

高季兴听罢，有些纠结。他想到李存勖血气冲冲杀入江陵，抬手间就是伏尸百万，血流成河，不禁倒向了司空薰。高季兴留下两个儿子看家，自己带着几百骑兵，赶往洛阳向唐庄宗称臣。

在洛阳，唐庄宗同意高季兴归顺，并表示要把他扣在京师。

宰相郭崇韬劝道："天下还有许多人不愿称臣，你现在就扣下高季兴，以后我们对付其他人就更难了，还是把他放回去吧！"李存勖觉得似乎有点道理，就客客气气地让高季兴离开了。

可等高季兴走后不久，唐庄宗就后悔了。他密令襄州节度使刘训将其截留，但等密诏到达襄州时，高季兴早就连夜跑远了。在襄州，高季兴酒酣时叹息："来这一趟有二错：我去朝拜是一错，放我回去是二错。"

高季兴安全抵达江陵后，握住梁震的手，道："我没有听您的话，差点就回不来了。"

> "强弩之末，势不能穿鲁缟"，即强弩射出的箭，到最后连薄绢都无法穿透。比喻强大的力量到衰竭就不起作用了。当时的后唐无暇关注偏远地区，梁震能够清晰地看出这一点，比杞人忧天的司空薰明智许多。

梁震料事如神

公元924年，李存勖命高季兴兼任尚书令，进封南平王。次年，魏王李继岌与郭崇韬出兵伐蜀。

高季兴装出一副大力支持、摩拳擦掌的样子，上表请求率荆南士兵攻打夔州、忠州、万州、归州、峡州等地。李存勖任命他为东南面行营都招讨使，高季兴接到任命，表示一定会出力，结果一兵未发。

不承想，后唐伐蜀势如破竹，蜀国士兵在后唐悍勇的将士面前简直不堪一击。仅仅70天，蜀国就被打下来了！

当时，高季兴正在吃饭，听到这个消息，筷子一下就掉在桌子上。

次日，高季兴召集幕僚，说出了自己的担忧。梁震闻言劝慰道："主公无须害怕，李存勖得到蜀地后，一定愈加骄横，他离死期不远了，这件事或许对我们有益无害。"

果然，不久后，李存勖死于内乱，高季兴因祸得福。蜀国灭亡后，蜀地金帛 40 万乘船顺江而下。高季兴得知李存勖已死，便趁火打劫。

> 料事如神并非凭感觉、靠运气，而是通过思考、分析，得出正确判断。梁震对眼前局势洞若观火，还可以准确推断出事情的发展趋势，真是神算。

安重诲洞察潞王

后唐明宗李嗣源的养子、潞王李从珂，担任河中节度使。安重诲觉得，李从珂并非李嗣源亲生，却手握重兵，野心勃勃，日后必为祸患。于是，他以内调为名，削弱了李从珂的军权。

李从珂得知消息后不肯罢休，纵容部下杨彦温举兵反叛。李嗣源于是派人诱降杨彦温，而安重诲却极力主张用兵，直接派兵出征，将杨彦温处死。

安重诲以这件事为契机，请求李嗣源罢免李从珂的节度使职位，并多次向李嗣源暗示李从珂失职，应当依法从重惩处，除恶务尽。

这样的行为引起李嗣源的强烈反感，君臣间爆发了激烈的冲突，从此嫌隙渐生。安重诲直至被处死时还高声呼喊："臣死了没有什么好遗憾的，只恨不能与官家诛杀潞王，他日必为朝廷大患。"

果然，安重诲所料不差。李嗣源死后，其子李从厚继位。不久，潞王李从珂便发动叛乱，取而代之了。

> 防微杜渐即刚发现不良的苗头时，就加以制止和断绝，使其不能发展下去。安重诲能够发现隐患，也有为天下铲除隐患的意识。但可惜的是，他的方法有欠妥当，投膏止火，反而加速了祸乱的发生。

戴友规、刘威献疲兵之计

五代十国时，杨行密攻取楚州。孙儒焚毁扬州城，引兵向西，号称有五十万大军，旌旗连绵数百里，大军经过必定焚烧屋舍，抢夺物资以供军食。杨行密自觉不敌，准备弃城逃跑。

谋士戴友规劝道："孙儒来势汹汹，兵丁众多，势不可挡，但我军还是可以打击他们的先头部队。敌军过多，不可力战，但时间一长，敌军必定会疲惫，士气萎靡。如果我们此时弃城而逃，那才是束手就擒！"将领刘威也是同样的想法："背城坚守，不必与之交锋，就能使敌军疲乏。"杨行密采纳了他们的计策。

杨行密避而不战，过了一段时间，孙儒的军队果然粮草不足，又暴发了瘟疫，将士们难以作战。杨行密趁机派出所有军队攻打孙儒，孙儒战败被俘。

将死之时，孙儒对刘威喊道："听说就是你提出要避守不出的，倘使我手下有你这样的人才，又怎会失败！"随即被处死。

> 《孙子兵法》中讲"佚而劳之"，就是要耗尽敌人的精力和资源，使其疲惫，而我军则养精蓄锐。这样，敌人成为强弩之末，打败他们也就易如反掌了。

宋齐丘劝徐知诰赴任润州

徐温升战功赫赫的养子徐知诰为升州刺史，治理一方。徐知诰上任后兢兢业业，倡导节俭，为政宽仁，大大减轻了百姓们的负担，因此贤名远播。徐知诰治理下的升州府库充实，城墙坚固，城中井然有序，一派太平景象。

　　徐温见此非常高兴，他让徐知诰去他坐镇的润州，把润州治理好，而自己则搬到升州。徐知诰不愿去润州，请求徐温派他去宣州，说过许多次，徐温也没有改变主意，徐知诰为此郁郁寡欢。

　　当时，嫡长子徐知训是徐温定下的继承人，他手握军权，治理吴国首都扬州，以辅政的身份总领朝政。

　　谋士宋齐丘思索再三，劝说徐知诰去润州赴任："徐知训傲慢昏庸，难成气候。他平日里又对老将功臣肆意侮辱，我看他将来一定会出事的。如果您前往宣州，距他所在的扬州那样远，有事发生您也鞭长莫及。而润州与扬州不过一水之隔，不用一夜就能平定大事。您何必舍弃这种好地方，前往宣州呢？"

　　徐知诰一听，是这个道理，便立马出发，到润州赴任去了。

　　宋齐丘分析得果然分毫不差，没过多久，徐知训就出事了。他凌辱大将朱瑾，朱瑾忍不下去，就杀了他，扬州顿时乱了起来。徐知诰隔着长江，远远望见对岸火光闪烁，马上召集军队渡江而去，很快就平定了叛乱。

　　徐温得知扬州出事，赶紧领兵前来。他见徐知诰已经平定叛乱，稳住局势，对徐知诰赞赏道："这次多亏你离得近，否则我们家大势去矣。你们兄弟之中，你是有大功的！"于是命徐知诰治理扬州。

　　宋齐丘劝说徐知诰前往润州，坐等扬州生乱，凭借近水楼台的地理优势将扬州收入囊中。

第五章

巾帼

郑氏鞭儿息众怒

唐朝时，李景让曾在浙西担任观察使。当时军队内部群情激愤，发生兵变是迟早的事。李景让自知无力回天，只能坐等事态恶化。

李景让的母亲郑氏知道此事，她走到外面一看，只见将士们怒目圆睁，冷言冷语，满身戾气。郑氏找来一个士兵，温声细语地询问。士兵看她目光恳切，就告诉她，将士们所有的不满都是因她儿子而起。原来，李景让对待士兵非常严苛，军中上下素有怨言。一位将领顶撞他，李景让竟将他活活打死。此事一出，群情激愤，难以收场。

郑氏多年来一直在军中生活，她知道一旦发生兵变，不仅儿子性命不保，国家也会蒙受巨大的损失。这该怎么办呢？事情皆因儿子而起，这账得算到李景让头上。

郑氏想了想，命人将儿子叫至庭前，当着众将士的面毫不留情道："皇上将浙西托付于你，你理应兢兢业业治理好。但你却滥杀无辜，引起众怒，万一因此而发生叛乱，你该如何向朝廷交代？又怎么对得起浙西的老百姓呢？"

郑氏越说越生气，忍不住声泪俱下："你在任上发生了这般恶劣的事，我哪还有脸活着？你这是想活活把我气死啊！就是死，黄泉之下，我也羞于见你父亲！这样不忠不孝，留你何用！"言毕，郑氏命人剥掉李景让的上衣，狠狠地鞭挞其背，打得鲜血淋漓，皮开肉绽。

将士们见郑氏把李景让打得如此狼狈，怒气渐消，有将领上前求情。郑氏不肯，仍然哭泣着鞭打儿子。后来，是将士们求了再求，郑氏才放过儿子，军中的不满情绪也因此消退。

> "亡羊而补牢，未为迟也。"出了问题能够想办法补救，及时止损，就不算迟。郑氏深明大义，儿子犯错毫不偏袒，积极认错，亡羊补牢。

刘知远夫人谏帝

后汉高祖刘知远率军进驻晋阳后，想要犒赏众将士。但由于连年征战，军费已经所剩无几，他拿不出太多的银子。

刘知远只好召集群臣与夫人李氏来商议此事。刘知远道："我军为了百姓南征北战，已经很辛苦了。如今天下初定，理应犒赏三军。但军资短缺，怎样才能得到大量的钱财呢？"

群臣听出刘知远似乎有了对策，都不插话。李氏也以为丈夫还有什么高招，笑着听他说下去。

"我们不妨向晋阳老百姓征收财物来慰劳将士。诸位以为如何？"刘知远问道。

臣子们有赞同的，也有反对的，一时得不出结论。刘知远看向夫人李氏，无声地询问她的意见。

李氏起身，对已经做了皇帝的丈夫直言不讳道："我不赞同征收老百姓的钱财来犒赏三军。陛下可曾想过，您在河东成就大业，老百姓为此颠沛流离，不知受了多少苦！现在，您还没有给他们些许恩泽，却要夺取人家活命的钱财，这就谈不上是什么天子拯救万民了。"

听到这样直白的谏言，群臣纷纷屏息凝神，都觉得皇帝会怪罪皇后。但没想到刘知远频频点头称是，最后忍不住追问："那三军将士就不犒赏了？"

"我没有这个意思，"李氏答道，"您下令，将全部军资都拿来犒赏将士，即使赏赐不丰厚，但只要说清楚困难，谁又会不满呢？"

刘知远听从夫人的建议，打消了搜刮民财的念头，只举办了一个简单的犒赏活动，全军内外无不欢喜。

得民心者得天下。百姓可以左右王朝的兴衰，当百姓心甘情愿为统治者贡献力量时，一个王朝才能长久地延续下去。

窦氏劝舅舅善待皇后

唐高祖李渊妻子窦氏出身北周皇族，北周武帝宇文邕就是她的舅舅。年幼的窦氏被宇文邕接入宫中抚养，颇受宠爱。

早年，北周曾与突厥联姻，宇文邕迎娶突厥女子做皇后。宇文邕对这场政治婚姻极其不满，甚至想要休妻。

这时，尚且年幼的窦氏就劝说舅舅："天下尚未安定，突厥是我朝的心腹大患。希望舅舅能顾全大局，好好对待、安抚皇后。只要能和突厥建立邦交，那么，借助他们的力量，北齐、南陈就不足为虑了。"宇文邕闻言十分惊叹，他将外甥女的意见听了进去，从此善待皇后，与突厥结盟。

在古代，政治婚姻十分普遍，双方缔结婚姻完全基于政治和经济目的，基本不去考虑个人的因素。小小年纪的窦氏能看透联姻的本质，劝舅舅从大局出发，这种政治意识简直令人惊叹。

窦夫人劝李渊献马

隋炀帝在位时，李渊养了许多好马，他的妻子窦夫人看到就说："皇帝喜爱马，你为什么不献给他呢？留下这些马匹，恐怕会招来祸患，对我们没有好处。"李渊不听，果然因为马匹的事情引得隋炀帝厌恶。

吃了教训的李渊便多次献上良驹，隋炀帝非常高兴，就擢升李渊为将军。

李渊对几个儿子感叹道："要是早听你们母亲的话，这将军之位老早就到手了。"

俗话说"有舍才有得，身外之物不必过于吝惜"。如果因为拥有的东西而产生烦恼，财富也会变为负担。相反，如果能够适当地放弃，也许会有更多、更好的收获。

长孙皇后巧引典

一天，李世民怒不可遏，扬言要杀了给他养马的人。左右噤若寒蝉，没有人替养马的人求情。这时，长孙皇后来了，她看见皇帝满脸怒色，知道又有事情发生了，于是问："皇上怎么生气了？"

李世民道："我最喜欢的那匹马好端端的就暴毙了，一定是养马人出了差错，让马吃错了东西。你是知道的，这匹马跟着我南征北战，立下战功无数。现在无病而横死，叫我怎能不恨？我一定要杀了那个养马人，看以后还有谁敢玩忽职守！"

长孙皇后觉得李世民的做法非常不妥，想要劝一劝，可是皇上正在气头上，恐怕听不进去。突然，她灵机一动，问："皇上，您知道齐景公杀养马人的故事吗？"李世民虽然还在生气，但也竖起耳朵听皇后讲故事。

长孙皇后道："齐景公因为一匹马死去便下令处死养马人，大臣晏婴对他说：养马人犯了三条罪。齐景公便问：是哪三条罪？晏婴回答：第一条罪是没有尽到职责，没养好马；第二条罪，让国君因死了一匹马而处死人，全国百姓知道后，一定会说国君把马的性命看得比人的性命还重要，这损害了您的声誉；第三条罪，诸侯知道您因马杀人，必然会轻视齐国。齐景公听到杀一个养马人竟然会造成那么多麻烦，便打消了念头。"

李世民听完故事，哪里还不知道皇后这是在借古讽今，劝自己呢，他想了想，改变了主意，不但将那个养马人无罪释放，还仍旧信任他，让他给自己养马。这件事之后，养马人尽心尽力地养马，再也没出过差错。

> 西方有首民谣：丢失一个钉子，坏了一只蹄铁；坏了一只蹄铁，折了一匹战马；折了一匹战马，伤了一位骑士；伤了一位骑士，输了一场战斗；输了一场战斗，亡了一个帝国。有时候，一个小小的举动就可能引发巨大的连锁反应。

长孙皇后奖励魏征

李世民登基后，其妻长孙氏被立为皇后。夫妻二人对嫡长女李丽质非常宠爱，贞观二年（628年），年仅八岁的李丽质被封为长乐公主。李丽质十多岁时，宫中开始准备出嫁事宜。礼部为李丽质准备嫁妆清单，李世民见到后很不满意，要求给长乐公主的嫁妆要比永嘉长公主多上一倍。

朝臣都觉得逾制，魏征更是直言进谏："当年汉明帝刘庄要分封自己的儿子，有人建议他给皇子们如楚王、淮阳王一样的待遇。汉明帝便说，他的儿子如何能与先帝的儿子相比。最后，只给了皇子楚王、淮阳王一半的待遇。"

魏征的意思是，汉明帝把父亲的血脉看得比自己的重，因此受到赞誉，皇上却让亲生女儿的嫁妆比妹妹的还多，这不仅是私心重，还不够尊重先帝。

李世民闻言非常不高兴，回到后宫后，就把这件事告诉了长孙皇后。长孙皇后听罢，把魏征大夸特夸，说他"乃知真社稷之臣也"。然后，长孙皇后特地赏赐魏征绢四百匹、钱四百缗，并命人转告他："以前一直听说你正直，今日是见识到了，希望你能一直保持下去。"

于是，在长乐公主出嫁时，嫁妆没有比永嘉公主多，与其他公主保持一样。李世民虽然不快，但作为一位明君他还是默许了。

> 当魏征等人对公主嫁妆提出异议时，长孙皇后不但没有给爱女搞特殊化，还重赏魏征。这样做可以避免皇帝日后被误解为苛待长公主或不尊先皇，也能获得魏征的信服，让他积极为皇室谏言。

红拂女慧眼识英雄

红拂女的父亲是陈朝大将张忠肃，为隋将所杀。她的母亲被隋文帝赐给杨素，因带一女，便充作乳娘。红拂女在杨素府中长大，后来成为杨素的侍妾。

当时，寂寂无闻的李靖前去拜见杨素，杨素态度十分傲慢。李靖见此，向杨素深深行礼，道："天下将乱，群雄并起。杨公身为国之重臣，理应礼贤下士，网罗豪杰，怎能坐着待客？"杨素闻言赶紧道歉。

当时杨素身边围绕着数名侍妾，其中手拿红拂的一位长得最美，李靖的言行吸引了她的注意。见李靖告辞离去，红拂女特地跟出去，招来一个小吏道："快去问问那位客人，家住何处。"李靖详答，红拂女听完，默默记下才又进屋。

李靖返回旅店，睡到半夜，突然听到敲门声，还有人很小声地叫他的名字。他打开门一看，只见是个身着紫衣、头戴纱帽、手拿包裹的人。李靖询问，才知是杨素家中那位手持红拂的女子，便请她进来。红拂女向李靖郑重行礼，李靖慌忙回礼，询问她的来意。

红拂女道："我服侍杨司空，也见过不少豪杰，但没有一位能与阁下相提并论，所以特来投奔。"

李靖闻言问："杨司空为人如何？"

红拂女答道："杨公如今不过是一具行尸走肉罢了，没有可以说的。许多侍女见今后没有指望，都离他而去，投靠有前途的人，而杨公也不怎么追究。我说的句句属实，阁下不要怀疑。"

李靖问她姓甚名谁，她只道："我姓张。"问她家中排行，她答："排行老大。"

李靖见她宛若天人，愿意投奔自己，心中既喜且忧，总觉得不妥。但见无人追踪，还是将她留下了。几日后，有追捕红拂女的风声传出，李靖立即换装出城，准备与红拂女返回太原。

途中，两人投宿客栈，有个蓄满腮胡的壮汉走入客栈。红拂女观察到虬髯客的行为举止，认为此人不俗。

红拂女打理好自己，便上前询问虬髯客的姓名，虬髯客道："姓张。"

红拂女道："我也姓张，算来该是你的妹妹。"又问虬髯客家中排行，虬髯客答："排老三。"红拂女道："我排行老大。"虬髯客于是高兴地认下了这个妹妹。

红拂女招呼李靖来与虬髯客交谈，二人相谈甚欢。李靖要与红拂女前去拜访李世民，虬髯客不去，三人便约定在长安碰面。到了约定的日子，红拂女与李靖发现虬髯客竟然非常富有。他变卖家产赠送给二人，让二人辅佐李世民建立功业，自己则飘然远去。

后来，李靖辅佐李世民统一天下，被封为卫国公，红拂女也成了一品夫人。

慧眼识英雄泛指眼光敏锐，善于识别人才。红拂女观察李靖的言谈举止，认定李靖必定前途远大。而杨素虽位高权重，却已经年老志短，不复当年。于是她把握时机，投奔李靖，成就了一段流传千古的佳话。

侯妻劝夫远国贼

　　武则天临朝当政的时候，御史中丞来俊臣权势显赫、气焰嚣张，满朝文武对他无不敬畏有加。侯敏与来俊臣交往密切，侯敏的妻子董氏劝丈夫："来俊臣是毒害国家的毒瘤，得势必定不能长久，万一到时候他失势获罪，其党羽一定会跟着获罪，夫君还是对他敬而远之吧！"侯敏听妻子话，稍微与来俊臣疏远了一些。来俊臣立刻察觉出来，十分不满。

　　侯敏不久就被贬为涪州武隆县令，他想辞官返乡，董氏说："夫君只管去报到，但千万不要在那里长时间居留。"

　　侯敏前往涪州报到。他在呈递名片时，故意将格式写错，州将看后，怒道："你连张名片都写不对，还想当县令？"就压下了他的报到公文。

　　侯敏对此忧心忡忡，董氏却道："夫君只管安心住下，不要想着逃走。"

　　夫妻二人一连住了五十天，赶上有盗匪作乱，武隆县的前县令及其家人全部被杀，侯敏因没有上任而保住一命。

　　后来，来俊臣被诛杀，他的党羽悉数被清算、流放，而侯敏则没有受到牵连。

　　安逸、美好的现状往往会局限个人的视野，使人看不到近在咫尺的危机。

　　朝堂局势瞬息万变，拥有危机意识，懂得未雨绸缪，才能保全自身。

王珪母识房玄龄

　　唐朝人王珪隐居时，与房玄龄、杜如晦等人交好。王珪的母亲李氏说：

"我儿是个大贵之人，不知道你平日都和哪些人往来？不妨请他们来家中小坐。"

不久后，房玄龄等人路过，入门拜访。李氏一见房玄龄十分惊讶，马上准备好丰盛的酒菜来招待他们，宾主尽欢。

李氏乐呵呵地对王珪说："有房玄龄这些人的帮助，你以后一定会显贵的。"

> 有道是"知人者智，自知者明"。自知与识人可以说是从古至今都难以掌握的智慧。而王珪的母亲能一见面就看出房玄龄等人日后不凡，真是令人惊奇。

窦女屈身灭贼人

唐朝时，李希烈攻陷汴州，强娶汴州参军窦良之女。窦女劝父亲："您不要悲伤难过，女儿一定会杀死这个贼子。"

窦女听说李希烈手下的陈仙奇正直勇武，就劝说李希烈重用他。她又听说陈仙奇的妻子也姓窦，就对李希烈说："我想要与陈仙奇妻子结为好友，多多与她交往。"

后来，李希烈身染重病，窦女趁机对陈仙奇的妻子说："李希烈势力虽大，但终究要败亡，你觉得该怎么办？"陈妻于是把这件事情告诉了丈夫，陈仙奇明白窦女的意思，贿赂医生将李希烈毒杀了。

李希烈死后，他儿子秘不发丧，谋划杀死诸将独掌大权。正巧赶上有人献樱桃，窦女便提议把樱桃送给诸将，表示府邸一切如常。她将帛布染成樱桃色，做成樱桃状，将密函藏在其中。

陈仙奇的妻子将假樱桃切开，得知李希烈已死。于是，陈仙奇率领将士杀入府中，将李希烈的儿子及其家人一共七口人全部杀死，然后呈报朝廷。朝廷于是下诏，拜陈仙奇为淮西节度使。

老子认为"弱之胜强，柔之胜刚"。水很柔弱，但只要它积蓄了足够的势能，便能无坚不摧。人亦如此，越是柔弱越是不可小觑，因为也许他们此刻的忍辱负重，只是为了等待时机，一雪前耻。

柴皇后慧眼识天子

柴氏原本是唐庄宗的妃嫔，唐庄宗死后，大批宫人被遣返归家，柴氏也是其中之一。柴氏走到黄河岸边，她的父母前来迎接，恰巧遇上大雨，一行人只好先找了一家旅舍暂住。一日，一个衣不蔽体但身躯伟岸的男子从旅舍门前经过。

柴氏一见，便问："他是什么人？"店主答道："那是军吏郭威。"柴氏见他样貌不凡，不禁心生爱怜，想与他结为夫妻。

柴氏的父母十分反对，道："你原本是皇帝左右的人，归家后要嫁人也应嫁给节度使那样的人物，为什么要嫁给这个人？"

柴氏道："他是贵人，前途必定不可限量。"然后便将自己的财物分了一半给父母，另一半当作自己的嫁妆。

柴氏父母劝不动女儿，只能同意。柴氏便在旅舍与郭威成婚，并资助了他许多金银财帛，使郭威摆脱了困窘的生活。郭威与柴氏患难与共，感情非常好。后来，郭威登上帝位，但柴氏已经不幸遇害，于是郭威追封其为皇后，并将江山传给柴皇后的侄子。

柴皇后独具慧眼，主动为自己定争取到一桩好姻缘，就如文君当垆、红拂夜奔……聪慧勇敢的女子，不仅向往爱情，更对自己负责，谱写了一篇篇传世佳话。

符皇后机智脱险

符氏出身名门，曾嫁给李守贞之子李崇训为妻。后来，李守贞占据河中地区发起叛乱，后汉枢密使郭威奉命出兵平叛，李氏父子畏罪自杀。临死前，李氏父子要先把全家老小都杀死。符氏赶紧藏到帷幔后面，躲过一劫。

直到室内冲进官兵，符氏从帷幔后缓缓走出，道："我乃魏王之女，郭将军与我父亲是至交好友，你们不可对我无礼。"郭威闻讯前来，发现确实是魏王之女，便将她送回魏王府，让她与父母团圆。

郭威十分欣赏符氏的沉稳勇敢，收符氏为义女。郭威养子柴荣丧妻后，郭威为柴荣提亲，符氏便嫁给柴荣为妻。后来，柴荣为帝，符氏被册封为皇后。

> 面对突如其来的变故，一个人的反应往往会改变之后的人生轨迹。所以，在面对危机时，不妨先冷静下来，临危不乱，处变不惊，才能做出更好的应对。

"花见羞"献计丈夫李嗣源

五代十国时，王氏因容貌美艳，被世人称为"花见羞"。王氏少年时被卖给后梁名将刘鄩为侍女，刘鄩死后，嫁给节度使李嗣源。

当时，李存勖自立为帝，拜李嗣源为节度使。李嗣源自幼便与李存勖针锋相对，李嗣源屡立奇功，功高震主，李存勖对李嗣源十分提防。王氏看到丈夫的处境，为了不让丈夫早早死于他人之手，便提醒李嗣源要保全自己。

李嗣源问："道理我都懂，但怎样才能自保呢？"

王氏道："你最好时时刻刻都待在军中，不要随意出来。来往出入都与部下同行，以免为人所害。"果然，李嗣源在洛阳屡次三番遭遇刺杀，幸亏左右保护才保住性命。

后来，李嗣源于河北称帝，与在洛阳的李存勖对峙。河北并不适合李嗣源发展，李嗣源又问王氏该怎么办。

王氏给他分析："河北形势复杂，立国艰难，您不妨渡过黄河，入主开封，届时也可西攻洛阳。"李嗣源权衡利弊后，依言行事。

当李嗣源率军渡过黄河时，洛阳城内发生了重大变故，禁军统领郭从谦起兵叛乱，率兵攻入皇宫，李存勖被杀。李嗣源迅速赶至洛阳，平定变乱，名正言顺登临帝位。

做了皇帝后，李嗣源深受王氏影响，他改革不合理的制度，裁撤有名无实的机构，推崇节俭。在他的治理下，百姓过上了一段安康的日子。

> 史书中如王氏一般拥有绝世美貌的女子不在少数，但难得的是她还有足够的智慧，在乱世中能安身立命。

陈觉妻智退美女

南唐人陈觉曾经是宋齐丘的门客，后来担任兵部侍郎。陈觉的妻子李氏凶悍善妒，宁愿亲自打理家务，也不愿给家里养婢纳妾。宋齐丘为了捉弄李氏，特意送给她三名容貌姣好的婢女。

李氏痛快地收下了这三名婢女，如侍奉自己的公婆一样侍奉她们。有人询问李氏这样做的原因，李氏道："这三位都是宋先生宠爱的人，见到她们就如同见到宋先生，我怎么敢轻忽怠慢？"于是，三名婢女坐立难安，自已主动提出回宋府。宋齐丘见此，笑着同意了。

正所谓"用兵之道，攻心为上，攻城为下"，从心理上瓦解敌人才是上策。李氏清楚地知道问题的关键是宋齐丘，所以对他的婢女郑重以待，不仅向宋齐丘表明了态度，还使婢女主动离开，真是一箭双雕。

崔敬幼女代嫁

唐朝时，冀州副刺史吉懋有个儿子叫吉顼，已经到了成婚的年纪。吉懋听说南宫县丞崔敬的两个女儿还未婚配，便想与催敬结亲。

崔敬不肯答应，吉懋偏偏认定了崔家的女儿，他利用手中的权势，胁迫崔敬将长女嫁到他们家。崔敬无可奈何，只得答应。吉懋担心迟则生变，火速下好聘礼，定下婚期。

崔敬思来想去也不知道该如何告诉夫人郑氏这件事。他欲言又止，坐立难安，拖来拖去，竟直接拖到了成婚这日。

吉顼骑着高头大马，身穿喜袍，带着大花轿，一路吹吹打打、欢喜喧闹地来到崔家门口迎亲。郑氏这才知道，原来这竟是来迎娶她的长女的！郑氏抱住长女哀声痛哭，无论如何都不肯让女儿出嫁。

长女得知吉家门第不高，担忧以后嫁过去会吃苦，遭人耻笑，于是伏在床上哭泣，表示不愿意出嫁。

崔敬的小女儿见此，只好站出来对郑氏说："父亲有难，我这个做女儿的理应为他分忧。不要说是嫁人，就是为奴为婢，我也愿意，还说什么门第高低。姐姐既然不愿嫁，那就由我来嫁。"说罢，便命侍女替自己打扮一番，登上花轿与吉顼离去了。

婚后，吉家人对她都非常热情友善。吉顼在她的劝说下，刻苦读书，考中进士。步入官场后，吉顼才干突出，深受武则天器重，一路平步青云，官至宰相，崔敬的小女儿也成为宰相夫人。

> 冯梦龙感叹："绝无一毫巾帼气，生男勿喜女勿悲。"崔敬的小女儿虽然是巾帼，却见识卓绝，当机立断。她把自己的人生经营得有声有色，同样让自己与家族显耀。

刘夫人不救夫君

李克用率军经过汴州，朱温假意设宴款待，暗中则命令军队半夜围杀。宴席结束，李克用在驿馆住下，朱温派人火烧驿馆。李克用手下几人奋力拼杀，逃回军营报信。

当时，李克用的妻子刘夫人正在中军大营坐镇，逃出来的几人告知她，主帅于汴州城内遭到伏击，让刘夫人赶紧派遣大军前去营救。

但刘夫人没有照做，她先是不动声色将报信的人悄悄杀死，不使其走漏风声、动摇军心。然后，刘夫人叫来几名信任的大将，让他们约束士兵，不得自作主张。

万幸，李克用自己突围逃回了大营，他恼怒不已，立刻就要调兵遣将攻打朱温。

刘夫人劝道："夫君此行本就是为了国家讨伐贼寇，今日朱温派兵围攻你的事，天下人还都不清楚。如果现在夫君贸然出兵进攻，那么，谁能证明你们之间的是非曲直呢？我们不如先率领军队返回，向朝廷奏报其恶行，然后再声讨朱温。"李克用按照刘夫人的话行事，天下人果然都指责朱温。

> 老子有云"重为轻根，静为躁君""轻则失根，躁则失君"。轻率行事容易失去根本，而过于急躁则会丧失主导权。紧急情况下，不妨冷静地观察、思考，做出正确的决策。

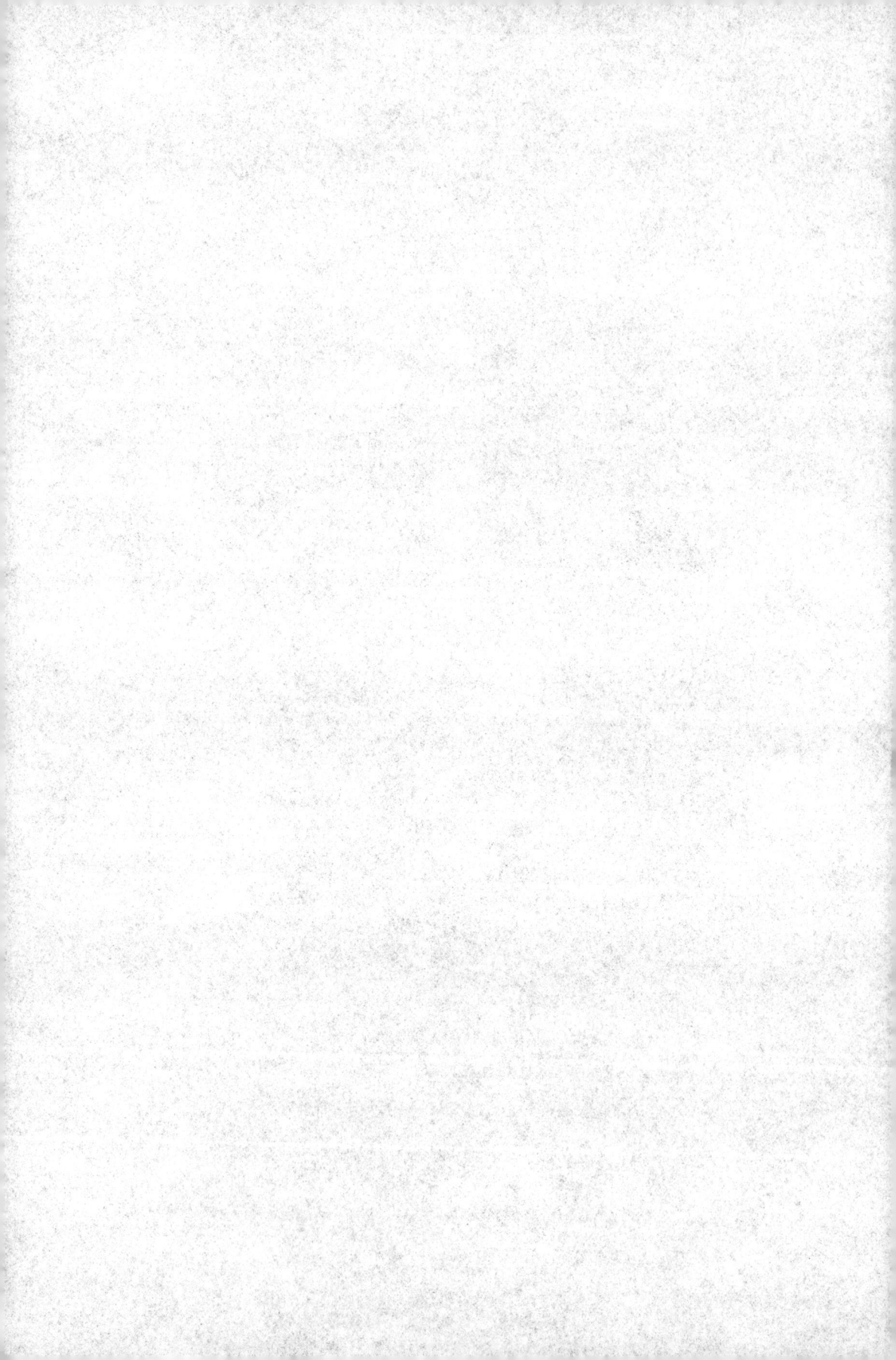